KB152234

CODING SCRATCH

| 미래를 여는 |

코딩
교육
스크래치

박일선 | 임동균 | 송영진 지음

2018년 교육부, 한국학술정보진흥원(KERIS)
초중등 코딩 강사 양성 과정 선정과목

❖ 웹하드에서 스프라이트 이미지 및 예제 다운로드
  가능

❖ www.kocw.net/에서 [스크래치프로그래밍] 강의
  동영상 무료 수강 가능

❖ '튜토리얼 카드' 파일 제공

H 한티미디어

저자 소개

임동균

eiger07@hycu.ac.kr

한양사이버대학교 컴퓨터공학과 교수

박일선

isparkbobae@gmail.com

한양사이버대학교 컴퓨터공학과 교수

송영진

Kiset200@naver.com

㈜큐랩

콘텐츠 연구개발기획

예제 및 스프라이트 이미지 다운로드:

- www.webhard.co.kr/guest폴더/내리기 전용/스크래치프로그래밍/
  (ID: hycucom, PW: 1111)

- 상기 자료는 한티미디어 홈페이지 자료실을 통해 다운로드할 수 있습니다.
  http://www.hanteemedia.co.kr

미래를 여는 **코딩 교육** | 스크래치 |

발행일　2019년 2월 22일 초판 1쇄
지은이　임동균, 박일선, 송영진
펴낸이　김준호
펴낸곳　한티미디어 | 서울시 마포구 연남로 1길 67 1층
등 록　제15-571호 2006년 5월 15일
전 화　02)332-7993~4 | 팩 스 02)332-7995
ISBN　978-89-6421-373-5 (93000)
가 격　30,000원
마케팅　박재인 최상욱 김원국
편 집　김은수 유채원
관 리　김지영

이 책에 대한 의견이나 잘못된 내용에 대한 수정 정보는 한티미디어 홈페이지나 이메일로 알려주십시오.
독자님의 의견을 충분히 반영하도록 늘 노력하겠습니다.
홈페이지 www.hanteemedia.co.kr | **이메일** hantee@empal.com

머리글

현대는 인터넷 혁명을 거쳐 4차 혁명시대를 맞이하고 있다. 인공지능과 로봇, 사물인터넷, 빅데이터 등을 통한 새로운 융합과 혁신이 빠르게 진행되고 있다.

휴대폰과 컴퓨터는 우리들의 일상이 되었고 생활 주변에서 볼 수 있는 가전제품 등에도 코딩이 접목되어 생활의 편리를 더해가고 있다.

이제는 디지털 시대와 인공 지능 시대로 가고 있는 미래에 새로 생겨날 새로운 일자리를 위해서 그리고 미래에 적응하기 위하여 디지털 지식을 습득해야 할 때이다.

세계적으로도 미국, 유럽, 호주 많은 나라들은 이미 디지털 지식을 공교육에서 필수 과목으로 가르치고 있으며 수업의 질을 높이고 교육의 기회를 높이기 위해서 봉사 단체, 도서관 등을 이용해서 폭 넓게 스크래치 교육을 실시하고 있다.

스크래치는 미국 MIT 대학 미디어 랩의 Lifelong Kindergarten Group에서 개발하고 무료로 제공한 차세대 그래픽 블록 기반 프로그램으로 세계 150개 이상의 나라에서 40개 이상의 언어로 사용되고 있다.

스크래치는 단순히 블록을 드래그하면서 코딩만을 배우는 것이 아니고 코딩을 하면서 문제를 해결하는 방법, 프로젝트를 기획하는 방법, 그룹에서 다른 사람들과 자신의 아이디어를 의사소통을 하면서 필요한 중요 전략들을 어떻게 세우는지 등을 배우게 된다.

MIT 대학은 "스크래치는 인터렉티브한 게임, 애니메이션을 직접 만들 수 있고, 그 작품을 온라인 커뮤니티에서 다른 사람들과 공유할 수 있다. 스크래치를 통해 어린이들은 창의적 사고, 체계적 추론, 협동을 배우게 된다."라고 말하고 있다.

스크래치는 8~16세를 대상으로 개발되었지만 모든 연령층에서 자신의 수준에 맞게 코딩할 수 있어 초등학생은 초등학생의 알고리즘을 표현하고 성인은 성인의 고 난이도의 알고리즘을 표현할 수 있어 하나의 프로그램으로 다양한 수준의 프로젝트를 개발할 수 있다는 큰 장점이 있다.

본 교재는 2018년 교육부와 한국교육학술정보원(KERIS)이 주관한 '성인 역량 강화 교육 콘텐츠 개발 사업'의 일환으로 '초.중 등 코딩 교사 양성 과정' 콘텐츠로 개발되었다.

처음 스크래치를 접하는 사람들을 위하여 스크래치의 10 종류의 블록 종류를 먼저 설명하고 몇 개의 블록으로 간단한 예제를 풀면서 블록들의 쓰임을 충분히 익힌 후 게임 프로젝트를 만들어보는 순서대로 진행되며 각 장이 끝날 때마다 학습평가를 풀면서 사용했던 블록 코딩을 복습해 볼 수 있다.

스크래치는 코딩을 통해 전직을 희망하는 소프트웨어 개발자, 경력단절 여성, 취업 준비생, 보수교육을 필요로 하는 중고등학교 코딩 교·강사, 자녀에게 코딩 교육을 하고 싶어 하는 학부모들에게 더없이 좋은 교육 도구가 될 것이다.

나는 지금도 스크래치를 처음 만났을 때 느꼈던 전율을 잊지 못한다.

보통의 프로그램들은 교육 대상이 정해져 있는 반면, 스크래치는 겉으로 보기에는 다양한 색깔의 블록으로 아이들 놀이 도구 같지만 그 놀이블록을 어떻게 사용하느냐에 따라 난이도가 달라진다.

스크래치 프로그램을 배운다기보다는 스크래치를 통해서 놀이처럼, 친구처럼 생각의 논리를 쌓아가면서 타인들과 커뮤니케이션하는 과정이 바로 교육인 것이다.

2019

저자

차 례

CHAPTER 1

스크래치 기본 개념 익히기

CHAPTER 6

그래픽 효과_이미지 에디터 활용하기

CHAPTER 7

강아지 훈련시키기_이벤트 블록

CHAPTER 8

스크래치 프로그래밍 자가 평가 문제

CHAPTER 9

축구공 게임_튜토리얼 활용

CHAPTER 10

사과번개로 따기_감지 블록

CHAPTER 11

강아지 포춘 쿠키 게임_연산블록

CHAPTER 12

아날로그 시계 만들기_연산블록

CHAPTER 15

스크래치 프로그래밍 자가 평가 문제

스크래치 기본 개념 익히기

학습목차

1. 코딩 교육의 이해
2. 스크래치의 이해
3. 스크래치 온라인 회원 가입하기
4. 스크래치 오프라인 에디터 설치하기
5. 스크래치 기본 용어
6. 스크래치 오프라인 에디터 인터페이스

학습목표

• 블록 결합 방식만으로 프로그래밍을 할 수 있는 스크래치를 이용하여 프로그램을 보다 쉽게 제작할 수 있다
• 스크래치 에디터의 레이아웃과 기본 개념에 대해 학습할 수 있다
• 온라인에 접속하지 않고도 오프라인 에디터로 프로젝트를 제작할 수 있다

코딩 교사 활용 안

프로그램을 하기 위한 알고리즘 원리를 처음부터 학생들이 이해하기는 어려운 일이다.

스크래치로 하는 코딩은 코딩의 결과를 바로 바로 확인할 수 있다는 큰 장점이 있다.

따라서 스크래치 코딩 교육은 이론 수업과 실습을 병행해서 진행하는 것이 좋다.

하나의 이론을 설명한 후 설명한 이론을 블록 코딩으로 충분히 실습을 해봄으로써 원리를 체득하는 방식이어야 한다.

수업을 진행할 때에는 온라인 에디터보다는 오프라인 에디터를 추천한다. 온라인 에디터 수업은 수업 중간에 네트워크 오류가 생기기 쉽고 온라인에서는 스크래치 이 외 에도 이용할 수 있는 메뉴들이 많이 있어 수업의 집중도를 높이기 위해서는 오프라인 에디터를 사용하는 것이 좋다.

프로그램 교육에 있어 제일 중요한 것은 프로그램 입문이다. 처음 프로그램의 원리를 제대로 이해하도록 해야 후에 좀 더 난이도 있는 프로그램을 작성할 때에 응용력이 생길 수 있다.

스크래치는 프로그램에 처음 입문하는 학생들이 주요 대상이므로 프로그램으로의 좋은 길잡이가 될 수 있도록 원리를 이해하는데 집중하도록 한다.

1. 코딩 교육의 이해

1) 코딩 교육이란 무엇인가?

🟦 코딩의 사전적 의미

코딩(Coding)이란 컴퓨터 언어로 프로그램을 작성하는 작업을 뜻한다.

코드(Code)는 사전적 의미로는 '부호'란 뜻이며 특정 기호들을 이용해서 다양한 명령문을 작성하여 어떤 일을 실행하게 하는 일련의 작업을 '코딩'이라고 한다.

🟦 프로그래밍이란

코딩은 단순히 컴퓨터에 명령 코드들을 입력하는 작업인 반면 프로그래밍은 이러한 코딩 작업 외에 프로그램이 실행되기 위해 추가적으로 필요한 일련의 작업들(알고리즘, 순서도 작성)을 포함한 모든 과정을 프로그래밍이라 한다.

2) 코딩 교육의 중요성

인간의 역사는 많은 다양한 기술 개발과 발명을 발판으로 발전해왔다.

신석기 혁명

BC10 세기 경 메소포타미아에서 농기구를 사용하기 시작하면서 인류는 수렵, 채취 단계에서 **농경 목축 단계**로 진입하기 시작

산업혁명

19C 초에 영국에서 산업 혁명이 일어남.

그 동안 수작업으로 했던 많은 일들을 기계를 사용하기 시작한 것

인류의 문명은 **농업 사회에서 산업 사회로 변화했다.**

인터넷 혁명

- 애니악(ENIAC): 최초의 컴퓨터

  1960년대 최초로 포탄 낙하를 계산하기 위해 군사용 컴퓨터로 설계됨.

- ARPANET: 최초의 인터넷

  1960년대 미국 국방성(ARPA)에서 군사용 목적으로 인터넷을 연구하기 시작

  인터넷이 생긴 이후 인류의 역사는 또 한번의 진화를 시작

4차 산업 혁명

인공지능과 로봇, 사물인터넷, 빅데이터 등을 통한 새로운 융합과 혁신이 빠르게 진행되고 있다.

이제는 휴대폰과 컴퓨터로 영화를 보고 인터넷으로 쇼핑하고 무인 자동차가 나오는 등 하루 종일 컴퓨터 없이는 생활이 불편해졌다.

컴퓨터와 스마트폰은 우리들의 일상이 되었다.

우리 주변에 있는 대부분의 가전제품, 기계제품에 코딩이 활용되고 있다.

디지털 시대인 현재와 인공 지능 시대로 가고 있는 다가올 미래에 대비하기 위해서 코딩 교육은 더 절실하다.

미래에 생겨날 새로운 일자리를 위해서 그리고 그런 미래에 적응하기 위해 사람들은 디지털 마인드를 갖고 디지털 지식을 습득해야 한다.

코딩 교사 tip

코딩 교육 제대로 하기

아이들은 스스로 생각하고 생각했던 대로 뭔가를 해냈을 때 엄청난 기쁨과 성취감을 느끼고 자신감을 갖게 된다.
따라서 처음부터 코딩을 어렵게 배우는 것 보다 놀이나 게임처럼 재미있게 코딩을 접해야 한다.
아이들의 생각은 무궁 무진하다.
100명을 대상으로 수업을 하게 되면 100개의 생각이 나온다.
하나의 생각을 가르치고 따라하게 하기보다는 하는 방법을 가르치고 스스로 생각해 코딩 할 수 있게 해야 한다.

3) 등록(비공인)민간 자격 코딩 자격증

☑ YBM-COS(Coding Specialist) 코딩전문가 자격증

참고 사이트: https://www.ybmit.com/intro/cos_test.jsp

COS(Coding Specialist)는 시작부터 종료까지 100% 컴퓨터상에서 진행되는 CBT(Computer Based Test)로 평가하는 방식이다.

한국정보통신진흥협회 – 컴퓨터프로그래머

참고 사이트: https://www.ihd.or.kr/certguidepro.do

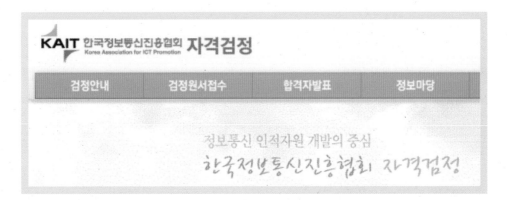

(주)한국창의교육개발원 – 코드크리에이터

참고 사이트: http://www.kdice.co.kr/index.php

2. 스크래치의 이해

1) 스크래치란 무엇인가?

컴퓨터 프로그래밍 언어

컴퓨터에게 명령을 내리고 컴퓨터와 의사 소통을 하기 위한 언어를 컴퓨터 프로그래밍 언어라 한다.

컴퓨터 프로그래밍 언어의 종류는 다양하다.

HTML, C, Java, Basic, Python, PHP, ASP, JSP 등 다양하다.

그러나 이런 프로그래밍 언어들은 텍스트 기반으로 되어 있어 코딩이 너무 어려워 배우는 시간도 오래 걸릴 뿐 아니라 배워도 제대로 프로그램하기 어렵다.

스크래치(Scratch)

- 스크래치는 미국 MIT 대학 미디어 랩의 Lifelong Kindergarten Group에서 개발한 교육용 프로그래밍 언어로 무료이다.

- 스크래치는 주로 8~16세를 대상으로 개발되었지만 모든 연령층에서 사용 중이다.

- 스크래치는 세계 150개 이상의 나라에서 40개 이상의 언어로 사용되고 있다.

- 처음 프로그래밍을 배우는 학생들이 쉽게 코딩을 할 수 있도록 고안 되었다.

- 블록 형태의 명령어를 결합하는 방식만으로 프로그램을 완성하여 다양한 컨텐츠를 제작 할 수 있다.

- 과거의 누군가 만들어 놓은 프로그램을 습득하는 수동적인 컴퓨터 교육이 아닌 학생 스스로가 스크래치를 통해 쉽게 자신만의 프로그램을 만들 수 있어 능동적이고 창의적인 컴퓨터 교육을 할 수 있다

2) 스크래치의 장점

스크래치는 온라인 상에서 언제 어디서나 웹 브라우저를 통해 바로 프로젝트를 만들고 저장할 수 있다.

오프라인 에디터가 무료로 배포되어 내 컴퓨터에 다운받아 인터넷이 안 되는 장소에서도 프로젝트를 만들 수 있다.

기본 명령어 외에 그림, 애니메이션, 사운드 등 다양한 멀티미디어를 지원한다.

스크래치는 블록을 결합하는 방식으로 누구나 쉽게 배우고 프로그램을 완성할 수 있다.

사용자가 어떤 알고리즘을 구현시키느냐에 따라 초등에서부터 성인에 이르기 까지 다양한 수준의 결과물을 만들어 낼 수 있다.

스크래치는 전 세계 사람들이 이용하고 있어 각자가 만든 결과물을 온라인을 통해 공유한다.

다른 사람들의 결과물을 볼 수 있을 뿐 아니라 타인이 만든 결과물을 자신의 스튜디오로 가져와 수정할 수도 있다.

3. 스크래치 온라인 회원 가입하기

스크래치를 사용하기 위해서는 먼저 인터넷에 접속하여 무료 회원가입을 해야 한다.

회원가입을 하게 되면 자료 저장, 공유 등 편리한 기능들을 사용할 수 있다.

❶ scratch.mit.edu 에 접속한다.

스크래치 화면 오른쪽 위에 있는 [스크래치 가입] 메뉴를 클릭한다.

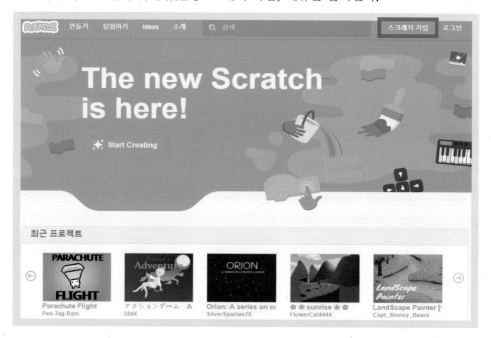

❷ 사용자 아이디와 비밀번호를 입력한 후 [다음] 버튼을 클릭한다.

아이디는 반드시 영문으로 3~20 글자 사이로 해야 한다.

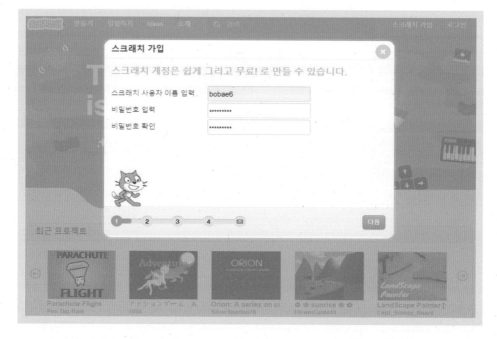

❸ 생년월일, 성별, 국가(Korea–South Korea)를 선택한 후 [다음]을 클릭한다.

❹ 이메일 주소를 정확하게 입력한 후 [다음]을 클릭한다.

이메일 주소는 후에 스크래치 서버에 접속해서 다른 스크래치 사용자들과 채팅도 하고 서로 자신들의 작품을 교류할 수 있기 때문에 정확히 입력해야 한다.

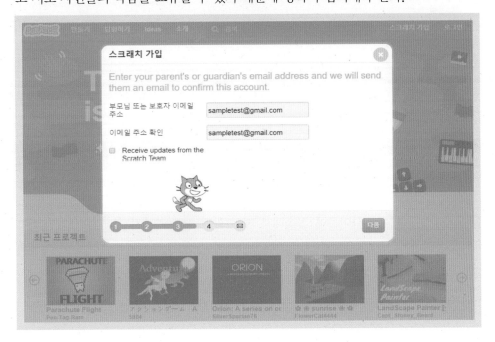

❺ 스크래치 가입 절차가 완료되었다.

로그인이 되었고 프로젝트를 공유하고 댓글을 남기고 싶다면 본인의 이메일로 보낸 링크를 클릭하라는 문구가 나온다.

– 이메일이 오지 않았다면 [계절 설정]에서 이메일 주소를 바꿀 수 있다.

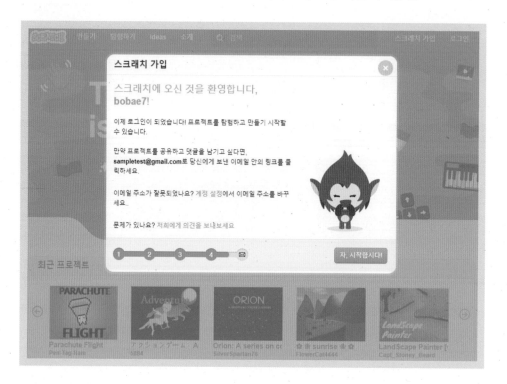

4. 스크래치 오프라인 에디터 설치하기

❶ scratch.mit.edu 사이트에 접속해서 메인 화면 맨 아래 [지원] – [오프라인 에디터] 를 클릭한다.

❷ 스크래치 프로그램은 2019년 1월부로 새로운 버전으로 바뀌었으므로 교재에서 사용하고 있는 Scratch 2.0 버전은 해당 페이지 하단의 "Older Versions"라는 항목에 있다. "Scratch 2.0 Desktop"을 클릭한다.

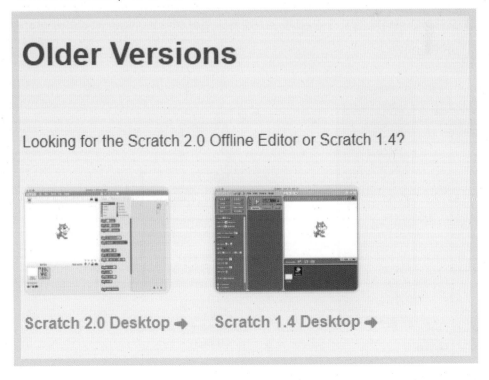

❸ 오프라인 에디터를 설치하기 전에 먼저 Adobe AIR을 설치해야 한다.

오프라인 에디터와 Adobe AIR은 자신의 컴퓨터 운영체제(Mac/Windows/Linux)에 맞는 파일을 다운받아 설치한다.

아래 번호 순서대로 스크래치 오프라인 에디터를 자신의 운영체제 환경에 맞게 '다운로드' 한다.

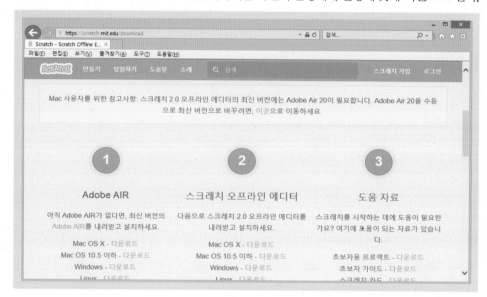

❹ 오프라인 에디터 설치가 끝난 후 스크래치를 열어 지구본 모양을 클릭하여 언어를 '한국어'로 바꾼다.

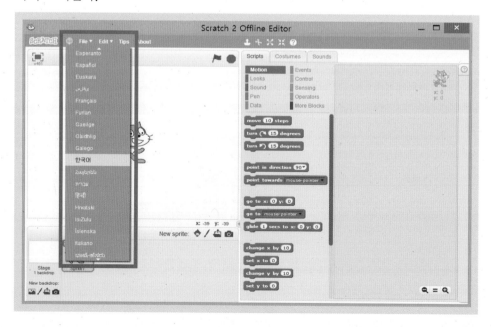

5. 스크래치 기본 용어

스크래치에는 크게 [무대], [스프라이트], [스크립트] 세 개념이 있다.

이 세 가지 개념들이 어우러져 하나의 프로그램이 완성된다.

1) 무대

무대는 스프라이트가 움직이는 공간이다.

무대에는 다양한 스프라이트를 만들어 놓을 수 있다.

무대 배경은 다양한 이미지나 색으로 배경을 그릴 수 있다.

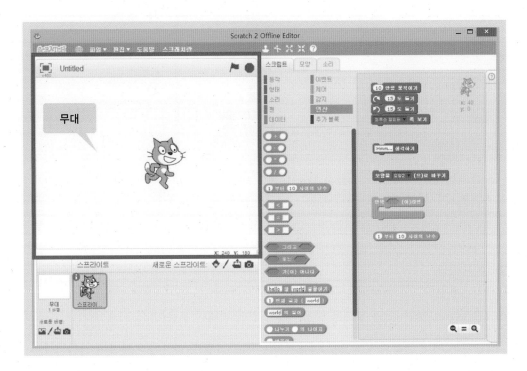

2) 스프라이트

스프라이트는 '무대' 위에서 움직일 수 있는 객체를 말한다.

하나의 프로젝트에는 여러 개의 스프라이트가 동시에 사용될 수 있다.

또 하나의 스프라이트는 2개 이상의 모양을 가질 수 있다.

여러 가지 모양을 갖은 하나의 스프라이트는 상황에 맞게 모양이 변할 수도 있다.

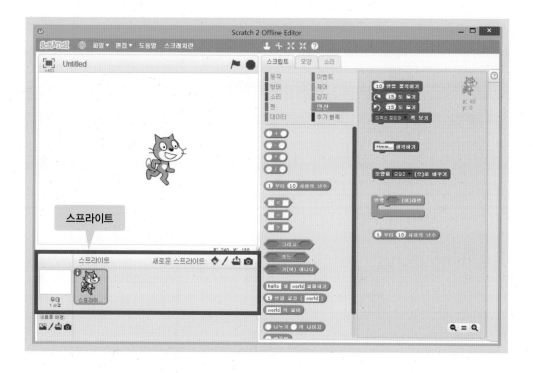

3) 스크립트

스크립트는 스프라이트와 무대를 작동시키기 위한 명령어 모음이다.

스크립트는 여러 블록의 조합으로 만들어 지는데 스크립트 영역에서 블록이 결합된다.

스프라이트를 움직일 때도 무대를 조건에 따라 변경시킬 때도 스크립트를 이용한다.

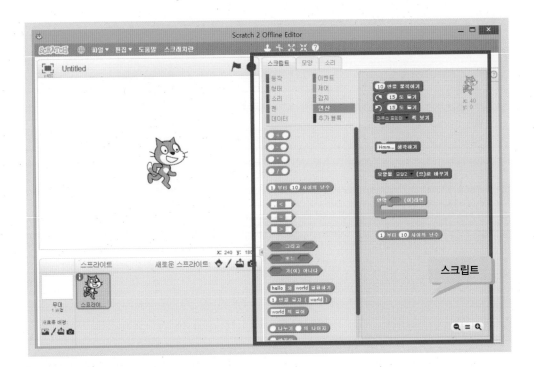

6. 스크래치 오프라인 에디터 인터페이스

1) [실행] 창

실행 창은 프로젝트의 모든 결과물을 확인할 수 있는 공간이다.

스프라이트와 무대가 스크립트에 따라 기능을 수행하는 공간이기도 하다

❶ 클릭하면 전체화면으로 무대가 보여진다.

❷ 프로젝트의 제목이 표시된다.

❸ 현재 열려있는 프로그램이 실행된다.

❹ 실행되고 있는 프로그램이 정지된다.

❺ 현재 마우스의 위치를 알려주는 좌표값이다.

2) [무대 정보] 창

무대 정보 창에서는 현재의 무대 상태를 볼 수 있다.

　　[저장소에서 배경을 선택]

　　[배경 그리기]

　　[배경 파일 업로드하기]

　　[웹 캠으로 배경 찍기]

등의 4가지 방법을 이용해서 새로운 무대를 만들 수 있다.

새로운 배경 설정하기

❶ 무대 정보 창의 '무대'를 클릭한다.

❷ 오른쪽 스크립트 창에 무대 설정을 위한 [스크립트], [배경], [소리] 탭이 생성된다.

❸ 무대 배경을 변경하기 위해 '저장소에서 배경 선택' 버튼을 클릭한다.

❹ '배경 저장소' 창이 뜨고 하나를 선택한 후 확인을 누른다.

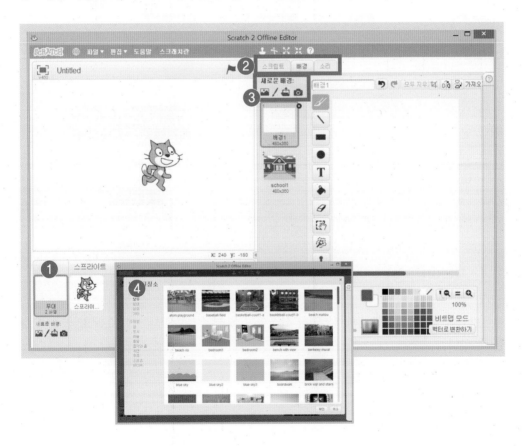

❺ 새로운 배경이 설정되었다.

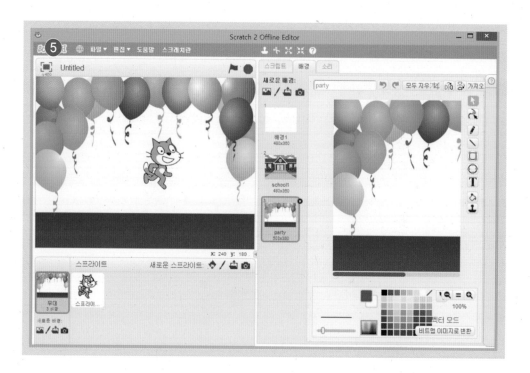

3) [스프라이트] 창

스프라이트 창에는 현재 프로젝트에서 사용하고 있는 스프라이트 각각의 모양 등을 수정할 수 있다.

또한 새로운 스프라이트를 불러올 수 도 있다.

[저장소에서 스프라이트 선택]

[새 스프라이트 그리기]

[스프라이트 파일 업로드하기]

[카메라로 부터 새 스프라이트 만들기]

등 4가지 방법을 이용해서 새로운 스프라이트를 만들 수 있다.

새 스프라이트 만들기

❶ [스프라이트 창]에서 [저장소에서 스프라이트 선택]을 클릭한다.

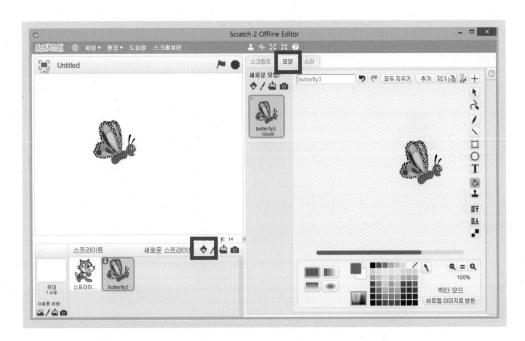

❷ '스프라이트 저장소' 창이 뜨고 하나를 선택한 후 확인을 누른다.

❸ [실행] 창에 새로운 스프라이트가 추가되었다.

스프라이트의 모양은 [모양] 탭을 클릭하여 이미지 에디터를 사용하여 수정할 수 있다.

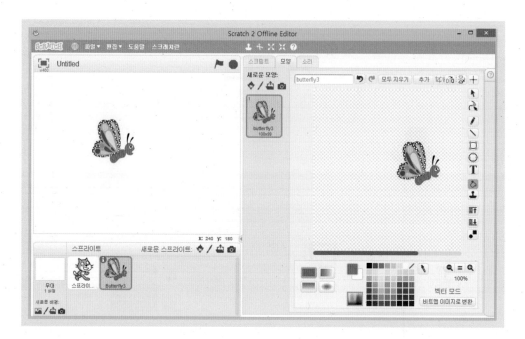

4) [스크립트] 창

[스크립트] 블록 모음은 총 10가지 카테고리로 구분되며 각 각의 카테고리에는 여러 다양한 기능을 수행할 수 있는 블록 리스트들이 있다.

스크립트는 현재 선택된 스프라이트 또는 무대에 해당하는 스크립트를 보여주기 때문에 다른 스프라이트를 선택하면 이전 스크립트는 사라지고 새로이 선택한 스프라이트에 해당하는 스크립트가 나타난다

스크립트는 블록 리스트에 있는 블록들을 스크립트 영역에 "드래그 앤 드롭" 방식으로 끌어다 놓으면 된다.

스크립트들이 블록처럼 쌓이면서 코딩이 완성된다.

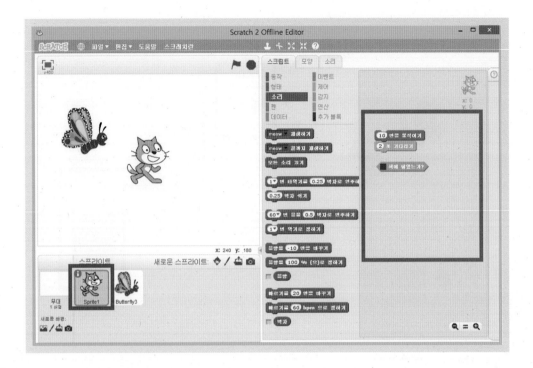

5) [소리] 창

[소리]탭을 클릭하면 [소리 정보]창과 [소리 편집] 창이 나타난다.

[소리 정보] 창에서는

    [저장소에서 소리 선택]

    [소리 파일 업로드하기]

    [새로운 소리 기억하기]

등의 3가지 방법을 이용해서 새로운 소리를 만들 수 있다.

[소리 편집] 창에서는 음량 조절 외에도 페이드 인, 페이드 아웃 등의 효과를 줄 수 있다.

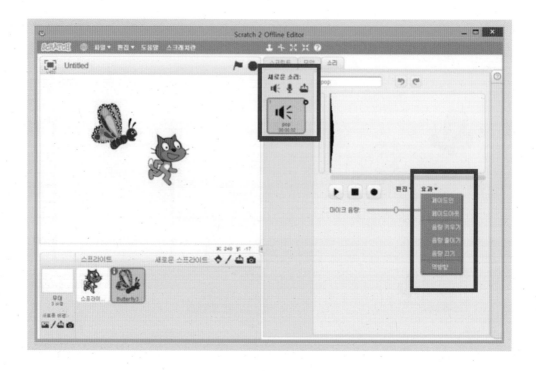

학습정리

1. 스크래치란

- 스크래치는 미국 MIT 대학 미디어 랩의 Lifelong Kindergarten Group에서 개발한 교육용 프로그래밍 언어로 무료이다.

- 스크래치는 세계 150개 이상의 나라에서 40개 이상의 언어로 사용되고 있다.

- 블록 형태의 명령어를 결합하는 방식만으로 프로그램을 완성하여 다양한 컨텐츠를 제작 할 수 있다.

2. 스크래치의 기본 개념

(1) 무대

무대는 스프라이트가 움직이는 공간이다.

무대 배경은 다양한 이미지나 색으로 배경을 그릴 수 있다.

(2) 스프라이트

스프라이트는 '무대'위에서 움직일 수 있는 객체를 말한다.

하나의 프로젝트에는 여러 개의 스프라이트가 동시에 사용될 수 있다.

또한 하나의 스프라이트는 2 개 이상의 모양을 가질 수 있다.

(3) 스크립트

스크립트는 스프라이트와 무대를 작동시키기 위한 명령어 모음이다.

스크립트는 여러 블록의 조합으로 만들어 지는데 스크립트 영역에서 블록이 결합된다.

3. 스크래치 오프라인 에디터 인터페이스

[실행] 창

스프라이트와 무대가 스크립트에 따라 기능을 수행하는 공간

[무대 정보] 창

무대 정보 창에서는 현재의 무대 상태를 볼 수 있고 새로운 무대를 만들 수 있다.

[스프라이트] 창

스프라이트 창에는 현재 프로젝트에서 사용하고 있는 스프라이트 각각의 모양을 수정하거나 새로운 스프라이트를 불러올 수 있다.

[소리] 창

소리를 삽입하고 음량 조절 외에도 페이드 인, 페이드 아웃 등의 효과를 줄 수 있다.

[스크립트] 창

무대를 변경하거나 스프라이트를 동작시키기 위한 블록들을 결합하는 곳이다.

1. 스크래치의 특성에 관한 설명이 바르지 못한 것은 무엇인가?

   ① 블록 결합 방식이다.

   ② 완성한 프로젝트를 온라인으로 공유할 수 있다.

   ③ 다른 사람이 만든 프로젝트를 내가 수정할 수는 없다.

   ④ 스크래치 오프라인 버전을 다운받아 사용할 수 있다.

2. 스크래치에서 사용되는 기본 개념에 속하지 않는 것은 무엇인가?

   ① 배경

   ② 스프라이트

   ③ 스크립트

   ④ 무대

3. 스크래치에서 스프라이트를 추가하는 방법 중 옳지 않은 것은 무엇인가?

   ① 스크래치 프로그램 안에 미리 만들어 놓은 저장소에서 스프라이트를 선택한다.

   ② 이미지 에디터에서 새 스프라이트를 그릴 수 있다.

   ③ 스프라이트로 만들어 놓은 내 파일을 업로드할 수 있다.

   ④ 다른 프로젝트에서 사용한 스프라이트를 불러올 수 있다.

정답

1. ③   2. ①   3. ④

스프라이트 동작시키기 _동작블록

학습목표

- 스크립트 블록들의 유형에 따른 결합 방식에 대해 이해할 수 있다
- 스크래치 동작 블록의 스크립트를 활용할 수 있다
- 스프라이트를 추가하는 방식을 다양하게 익힐 수 있다
- 무대 좌표값과 스프라이트 회전 각도의 표현 방법을 익힐 수 있다

코딩 교사 활용 안

스크래치의 10개의 카테고리 블록 중 가장 기본이 되는 블록이 동작 블록이다.
동작 블록을 많이 활용해봄으로써 프로그램에 대한 자신감과 흥미를 키울 수 있다.
특히 블록 유형에 따른 결합 방식이 다르기 때문에 결합이 되지 않는 블록들간의 관계 문제를 해결하면서 코딩의 원리를 이해할 수 있다.
결합이 되지 않는 블록들을 예로 들어 왜 결합이 되지 않는지 단순히 모양이 달라서가 아니라 두 블록의 스크립트 명령어를 해석하게 하여 서로 맞지 않는 원리를 터득하면서 자연스럽게 알고리즘에 대한 이해를 높일 수 있다.

1. 스크립트 블록 유형

프로그램을 작성하기 위해서 스크래치에서는 블록을 결합시키면서 스크립트를 작성하게 된다.

블록들은 각기 다른 모양을 가지고 있는데 그 모양에 맞춰서 결합이 된다.

블록의 결합은 블록들의 몇 가지 형태에 따라 결합 방식이 다르기 때문에 블록의 형태를 알면 스크립트 작성이 쉬워진다.

■ 위가 둥근 형태 블록

블록의 모양이 위가 둥그런 형태의 블록들은 자신의 블록 위로는 다른 블록을 결합시킬 수 없고 아래로만 결합할 수 있다.

주로 프로젝트를 시작하기 위해서 사용하고 이벤트 블록에 많이 있다.

홈이 파인 형태 블록

`10 만큼 움직이기`

`색깔 ▼ 효과를 25 만큼 바꾸기`

이 블록은 위에 홈이 파여 있고 아래는 약간 볼록한 면이 있어 자신의 위 또는 아래로 다른 블록을 결합할 수 있다.

육각형 형태 블록

`마우스 포인터 ▼ 에 닿았는가?`

`색에 닿았는가?`

육각형 형태의 블록은 위나 아래로 다른 블록과 결합되는 것이 아니라 육각형 모양의 빈칸 안에 결합된다.

둥근 타원 형태 블록

`x좌표` `y좌표` `방향`

타원형 형태의 둥근 블록은 위나 아래로 다른 블록과 결합되는 것이 아니라 다른 블록의 안으로 들어가 결합되는데 모양이 둥글기 때문에 둥근 모양의 빈 칸에 결합할 수 있다

둥근 형태 블록을 클릭해보면 숫자나 문자를 출력해준다.

가령, `x좌표` 는 X 좌표 값을 알려준다.

둥근 빈칸 형태 블록

`1 부터 10 사이의 난수`

`hello 와 world 결합하기`

둥근 형태 블록이 들어갈 수 있는 블록이다.

`x좌표 와 y좌표 결합하기`

이 블록 스크립트의 의미는 X좌표값(126)과 y좌표값(100)을 나란히 연결하여 좌표값을 표시한다. (예: 126100)

2. 스크립트 동작 블록의 종류

스프라이트의 움직임과 관련된 스크립트에는 동작 블록이 있다.

동작 블록을 활용하면 스프라이트를 원하는 위치로 보낼 수도 있고 움직이는 방향도 바꿀 수 있고 회전을 시킬 수도 있다.

스크래치에서 움직이는 많은 대부분의 동작들은 동작 블록을 이용한다.

| 동작 블록의 종류

동작 블록의 종류	의미
10 만큼 움직이기	지정한 값만큼 스프라이트가 오른쪽으로 움직인다.
15 도 돌기	지정한 값만큼 스프라이트가 반시계 방향으로 회전한다
90▼ 도 방향 보기	지정한 각도로 스프라이트가 바라본다. '0'은 위쪽을, 90은 오른쪽, 180은 아래쪽, −90은 왼쪽을 의미한다
마우스 포인터▼ 쪽 보기	스프라이트가 마우스 포인터를 바라본다
x: 10 y: 0 로 이동하기	스프라이트가 지정된 x좌표, y좌표로 이동한다
마우스 포인터▼ 위치로 이동하기	스프라이트가 마우스 포인터 위치로 이동한다.
x좌표를 10 만큼 바꾸기	스프라이트의 현재 x좌표를 지정한 수 만큼 변경

동작 블록의 종류	의미
x좌표를 ⓪ (으)로 정하기	스프라이트의 x좌표를 지정한 값으로 정함
y좌표를 ⑩ 만큼 바꾸기	스프라이트의 현재 y좌표를 지정한 수 만큼 변경
y좌표를 ⓪ (으)로 정하기	스프라이트의 y좌표를 지정한 값으로 변경
벽에 닿으면 튕기기	스프라이트가 벽(실행 창의 4개의 면)에 닿으면 이동하던 방향을 바꿈
회전방식을 왼쪽-오른쪽 ▼ 로 정하기	스프라이트 회전 방식을 지정한 방식으로 변경
① 초 동안 x: ⑩ y: ⓪ 으로 움직이기	지정한 시간 동안 x, y 좌표로 스프라이트가 이동
x좌표　방향　y좌표	스프라이트의 현재 위치에 대한 x좌표값, y좌표값, 방향(각도)을 출력

3. 스프라이트 동작시키기

1) 스프라이트 방향 알기

먼저 스프라이트를 정해진 위치로 움직이기 위해서는 무대 위에서의 위치를 알아야 한다.

무대에서의 위치는 좌표로 표시된다.

스프라이트를 움직이는 무대가 2차원이므로 2차원을 표시하는 x좌표와 y좌표를 사용한다.

가로가 x좌표 이고 세로가 y좌표이다.

스크래치의 무대의 크기를 알기 위해 무대 위에서 마우스를 움직여 보면 실행 창 하단에
마우스의 움직임에 따라 바뀌는 좌표 값을 볼 수 있다.

■ 무대 좌표값

무대 공간은 (x:0, y:0)을 중심으로 오른쪽으로 240, 왼쪽으로 240, 위쪽으로 180, 아래쪽으로 180만큼의 크기를 갖는다.

오른쪽의 반대인 왼쪽은 (−)음수로 표현하고 위쪽의 반대인 아래쪽을 (−)음수로 표현한다.

좌표값을 잘 이해해야 혼동하지 않고 스프라이트를 정확하게 움직일 수 있다.

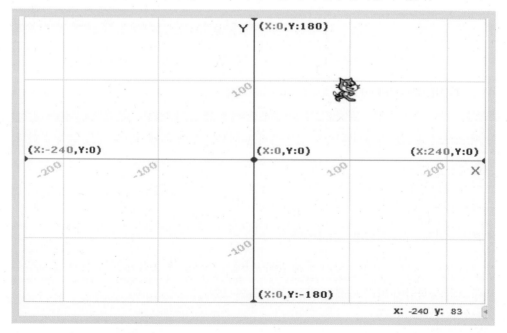

예) 좌표값 표시 예

가령, 아래 무대 위의 빨간 점들의 위치는 어떻게 될까?

무대 위의 빨간 점들의 위치는 각각 (x:100, y:100), (x:100, y:-100), (x:-100, y:100), (x:-100, y:-100)로 표현한다.

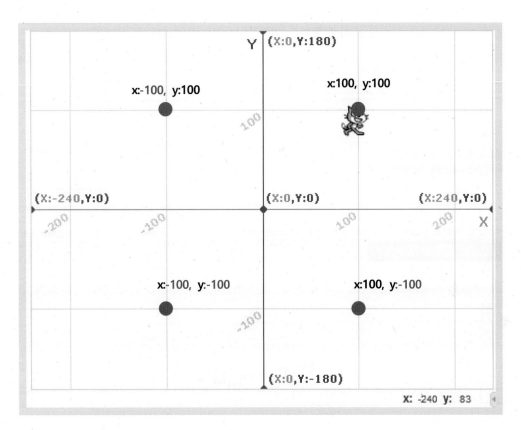

2) 스프라이트 움직이기

간단한 동작 블록을 이용하여 스프라이트를 움직여본다.

스프라이트를 숫자의 크기만큼 움직일 수 있다.

(1) [(10)만큼 움직이기]

`10` 만큼 움직이기

이 블록은 스프라이트가 현재 향하고 있는 방향(순방향)으로 "10"만큼 이동하라는 의미이다.

블록의 흰 동그라미 안의 숫자를 원하는 만큼 변경하면서 입력할 수 있다.

만일 숫자 값을 "-20"과 같이 음수로 넣으면 반대 방향으로 움직이게 된다.

이때 숫자를 직접 입력해도 되고 숫자를 출력해주는 블록을 결합시켜 출력되는 숫자 값을 사용해도 된다.

`박자` 만큼 움직이기

(2) [x좌표를 (10)만큼 바꾸기]

x좌표를 `10` 만큼 바꾸기

이 블록은 스프라이트를 x좌표만 10만큼, 즉 오른쪽으로 10만큼만 수평 이동하라는 것이다.

숫자 값을 "-10"과 같이 음수로 넣으면 반대로 왼쪽 방향으로 수평 이동하라는 의미이다.

(3) [(10)만큼 움직이기]와 [x좌표를 (10)만큼 바꾸기]의 차이

[(10)만큼 움직이기] 블록은

스프라이트가 어떤 방향을 보고 서있는지에 따라 보고 있는 방향으로 10만큼 움직인다. 따라서 스프라이트가 비스듬히 45도 정도 아래를 보고 있다면 스프라이트는 45도 각도로 아래로 비스듬히 움직이게 된다. (아래 도표 안 이미지 참조)

[x좌표를 (10)만큼 바꾸기] 블록은

스프라이트가 어떤 방향을 보고 서있는지에 상관없이 수평으로 움직인다.

스프라이트가 보고 있는 방향으로 10만큼 움직임

스프라이트가 비스듬히 45도 정도 아래를 보고 있다면
스프라이트는 45도 각도로 아래로 비스듬히 움직임

Y좌표값은 변경 없이 X좌표값만 변경되는 것임

스프라이트가 비스듬히 45도 정도 아래를 보고 있다
고 해도 수평 이동만 가능

(4) [x좌표를 (　)(으)로 정하기]

이 블록은 스프라이트를 한 번의 이동으로 원하는 위치까지 보내주는 블록이다.

이 블록을 이용하면 컴퓨터가 워낙 빨라서 스프라이트가 움직이는 과정이 안보이고 원하
는 위치로 옮겨져 있는 결과만 보인다.

반면, [x좌표를 (10)만큼 바꾸기] 블록을 여러 번 사용해서 원하는 목적지까지 보낼 수
있는데 이 경우 (10)만큼씩 이동할 때마다 스프라이트가 움직이는 화면이 보이게 된다.

목적지로 보내는 블록의 결과는 똑같으나 프로그램의 목적에 따라 선택해서 쓸 수 있어
야 한다.

스프라이트를 한 번의 이동으로 수평으로 원하는 위
치까지 보내줌

스프라이트가 움직이는 과정이 안 보이고 원하는 위치
로 옮겨져 있는 결과만 보임

(10)만큼씩 이동할 때마다 스프라이트가 움직이는 화
면이 보임

(5) 벽에 닿으면 튕기기

스프라이트가 벽에 닿으면 튕겨 나가라는 의미이다.

튕겨지는 방향은 그때 그때 각도에 따라 달라진다.

사용 예)

(6) 마우스로 움직이기

스프라이트를 좌표나 숫자로만 움직이지 않고 마우스를 클릭 하는 대로 스프라이트를 움직이게 하거나 무대 위에서 마우스를 드래그하면 스프라이트가 마우스를 따라다니다가 클릭을 해제하는 순간 정지하게 할 수 있다.

마우스 포인터 ▼ 위치로 이동하기

사용 예)

마우스를 클릭했는가? 까지 기다리기
마우스 포인터 ▼ 위치로 이동하기

• 블록 테스트시 주의할 점

만일 스크립트를 실행시키기 위해 스크립트 창에서 코딩한 블록을 클릭하면 마우스가 클릭한 좌표를 인식해서 스프라이트가 무대 맨 끝 쪽으로 이동하게 된다.

따라서 실행 시작할 때 무대 위의 스프라이트를 클릭할 때까지 스프라이트가 움직이지 않도록 해야 한다.

예제 2.1

다음과 같이 블록을 결합하고 결합된 블록을 클릭해서 실행시켜본다.

스프라이트를 45도 회전시킨 후 자신을 복제해놓고 자신은 오른쪽으로 100만큼 이동한 후 색깔을 25만큼 바꾼다.

마우스를 클릭했는지의 여부를 판단하고 그때까지 기다리는 블록을 삽입한다.

사용 블록

블록의 종류	카테고리
[(15)도 돌기]	[동작]
[도장찍기]	[펜]
[(10) 만큼 움직이기]	[동작]
[색깔 효과를 (25)만큼 바꾸기]	[형태]

블록의 의미

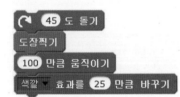

▶ 45도 시계방향으로 돈다

▶ 자신을 복제한다.

▶ 현재 위치에서 100만큼 움직인다.

▶ 색깔을 현재 색상에서 25만큼만 변경한다

실행 결과 미리보기

활용 tip

'도장 찍기' 블록과 '색깔 효과를 ( )만큼 바꾸기' 블록을 같이 이용하면 학생들에게 블록의 차이를 확실히 보여줄 수 있다.

예제 2.2

다음과 같이 블록을 결합하고 결합된 블록을 클릭해서 실행시켜본다

스프라이트를 45도 회전시킨 후 자신을 복제해놓고 자신은 오른쪽으로 100만큼 수평이동한 후 색깔을 25만큼 바꾼다

아래 블록은 **예제 2.1**에서 사용한 블록과 동일하고 [x좌표를 (100)만큼 바꾸기] 블록만 교체 사용했다.

▌사용 블록

블록의 종류	카테고리
[(15)도 돌기]	[동작]
[도장찍기]	[펜]
[x좌표를 (10) 만큼 바꾸기]	[동작]
[색깔 효과를 (25)만큼 바꾸기]	[형태]

▌블록의 의미

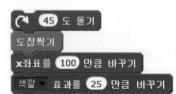

▶ 45도 시계방향으로 돈다
▶ 자신을 복제한다
▶ x좌표값만 100만큼 오른쪽으로 이동
▶ 색깔을 현재 색상에서 25만큼만 변경한다

▌실행 결과 미리보기

예제 2.3

다음과 같이 블록을 결합하고 결합된 블록을 클릭해서 실행시켜본다

자신을 복제해놓은 후 자신은 위로 150만큼만 이동한 후 색깔을 25만큼만 바꾼다.

사용 블록

블록의 종류	카테고리
[도장찍기]	[펜]
[y좌표를 (10)만큼 바꾸기]	[동작]
[색깔 효과를 (25)만큼 바꾸기]	[형태]

블록의 의미

▶ y좌표값만 (150) 만큼 위로 이동한다.

실행 결과 미리보기

예제 2.4

다음 블록들을 이용하여 실행시켜보고 스프라이트의 움직임의 차이를 이해하자

- X좌표를 180으로 이동하기
- X좌표를 40만큼 10번 반복하기
- 5초 동안 x:180 y:10으로 움직이기

블록 스크립트	실행 결과
x좌표를 180 (으)로 정하기	
10 번 반복하기 x좌표를 40 만큼 바꾸기	
5 초 동안 x: 180 y: 10 으로 움직이기	

4. 스프라이트 정보창 활용하기

1) 스프라이트 정보창 레이아웃

스프라이트를 좀 더 다양하게 움직이기 위해서는 [스프라이트 정보 창]을 잘 활용해야 한다.

스프라이트 창에서 선택한 스프라이트 왼쪽 상단의 ⓘ 아이콘을 클릭하면 [스프라이트 정보 창]으로 이동한다.

① 스프라이트의 이름: 현재 스프라이트의 이름을 보여준다. 원하는 이름을 입력하면 된다.

② 스프라이트의 위치 좌표: 스프라이트의 현재 위치를 좌표값으로 표시한다. 스프라이트의 위치가 변경되면 자동으로 위치 좌표값도 변경된다.

③ 스프라이트의 방향: 스프라이트의 현재 방향 값을 표시한다.

④ 스프라이트 회전 방식: 스프라이트의 회전 방식을 표시한다. 회전하기, 좌〈-〉우 회전하기, 회전하지 않기 등 3가지 방식 중에 하나를 선택하면 파란색으로 반전된다.

⑤ 드래그 가능: 프로젝트 페이지나 전체화면 보기 모드에서 스프라이트를 마우스로 드래그 할 수 있는 지의 여부를 체크하는 것으로 여기가 체크되어 있지 않으면 마우스 드래그로 스프라이트를 움직일 수 없다.

⑥ 보이기: 스프라이트의 상태를 보이도록 하려면 "보이기"에 체크하고 처음부터 숨기기를 원하면 체크하지 않는다.

⑦ 돌아가기: [스프라이트 창]으로 돌아가려면 ◀ 버튼을 클릭한다.

2) 스프라이트 회전 방식

스프라이트를 회전시키는 방법에는 3가지 설정 방법이 있다.

회전하기, 좌우로만 움직이기, 회전하지 않기 이다.

즉, 스프라이트를 회전시키기 위해서는 반드시 회전방식이 [회전하기] ↻ 로 설정되어 있어야 한다.

회전하기로 되어 있지 않고 [좌 ↔ 우]로 되어 있으면 회전하기를 시켜도 회전하지 않고 바라보는 방향만 바뀌게 된다.

아래 도표에 있는 실행 이미지를 확인해본다.

회전방식	↻ ↔ ●	↻ ↔ ●	↻ ↔ ●
의미	회전하기	좌 ↔ 우	회전하지 않기
실행	🐱 → 🐱	🐱 → 🐱	🐱
블록	↻ 15 도 돌기	↻ -90 도 돌기	

활용 tip

회전 방식 설정은 스프라이트를 움직이는데 매우 중요한 역할을 한다.
만일 스프라이트를 동그랗게 공중회전을 시키려고 했는데 스프라이트 정보창에 좌우 ↔ 로 설정되어 있으면 스프라이트가 동작하지 않는다.

• 스프라이트 회전 시 스크립트 오류가 나는 경우

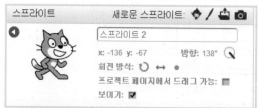

스프라이트 정보창에 회전방식이 좌우로만 움직이도록 설정되어 있어 "60"도 돌기 스크립트는 작동하지 않는다.

3) 스프라이트 회전 값

스프라이트 회전 값이 양수이면 오른쪽 시계 방향으로 회전한다.

90도, 180도, 270도 등은 시계 방향으로 회전한다.

−90도, −180도, −270도 등은 시계 반대 방향으로 회전한다.

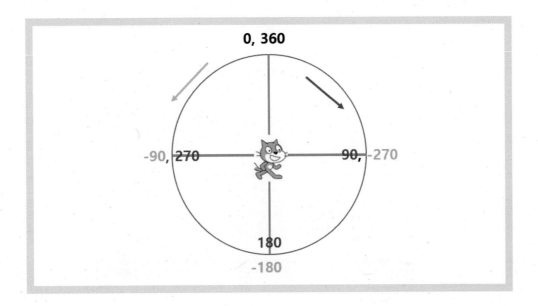

4) [(90)도 방향 보기]

스프라이트를 움직일 때 스프라이트가 어느 방향을 보고 있는 지는 상당히 중요하다.

스프라이트가 바라보는 방향에 따라 회전시켰을 때의 결과가 달라지기 때문이다.

이 블록의 콤보 상자를 열면 4가지 방향으로 옵션을 선택할 수 있다.

회전방식 설정값과 스프라이트가 움직이는 방향을 잘 이해해야 한다.

┃ 90도 방향 보기

각도	회전 방식	방향	결과 미리 보기
90도	↻ ↔ • ↻ ↔ •	오른쪽 방향 보기 ➡	
−90도	↻ ↔ •	왼쪽 방향 보기 ⬅	
	↻ ↔ •	회전하며 보기	
0도	↻ ↔ •	위 방향 보기 ⬆	
	↻ ↔ •	움직이지 않음	움직이지 않음
180도	↻ ↔ •	아래 방향 보기 ⬇	
	↻ ↔ •	움직이지 않음	움직이지 않음

학습정리

1. 블록의 유형

스크래치의 블록들은 각기 다른 모양을 가지고 있는데 그 모양에 맞춰서 결합이 된다.

블록의 결합은 블록들의 몇 가지 형태에 따라 결합 방식이 다르기 때문에 블록의 형태를 알면 스크립트 작성이 쉬워진다.

2. 스프라이트 좌표값

무대가 2차원이므로 가로가 x좌표이고 세로가 y좌표이다.

3. 무대 위치

무대 공간은 (x:0, y:0)을 중심으로 오른쪽으로 240, 왼쪽으로 240, 위쪽으로 180, 아래쪽으로 180만큼의 크기를 갖는다.

오른쪽의 반대인 왼쪽은 (−)음수로 표현하고 위쪽의 반대인 아래쪽을 (−)음수로 표현한다.

4. [x좌표를 (10)만큼 바꾸기] 블록

스프라이트가 어떤 방향을 보고 서있는지에 상관없이 수평으로 움직인다.

5. [(10)만큼 움직이기] 블록

스프라이트가 어떤 방향을 보고 서있는지에 따라 그 방향대로 10만큼 움직인다. 따라서 스프라이트가 비스듬히 45도 정도 아래를 보고 있다면 스프라이트는 점점 45도 각도로 아래로 비스듬히 움직이게 된다.

6. 스프라이트 마우스로 움직이기

마우스를 클릭하는 대로 스프라이트를 움직이게 하거나 무대 위에서 마우스를 드래그하면 스프라이트가 마우스를 따라다니다가 클릭을 해제하는 순간 정지하게 할 수 있다.

7. 스프라이트 회전 방식

회전하기, 좌 ←→ 우 로만 수평회전, 회전하지 않기 등 세 방식이 있다.

학습평가

1. 다음 동작 블록 중에서 숫자나 문자를 출력해주는 블록은 무엇인가?

① **x좌표**

② **10** 만큼 움직이기

③ ↻ **15** 도 돌기

④ 마우스 포인터 ▼ 쪽 보기

2. 아래 그림과 같이 오른쪽을 보고 있던 스프라이트가 아래를 보고 있다. 클릭 한번으로 스프라이트를 움직일 수 있는 블록은 무엇인가?

① 10 만큼 움직이기

② 90 도 돌기

③ -90 도 돌기

④ 90 도 돌기

3. 다음 스프라이트를 움직이는 스크립트 블록 중 블록의 클릭을 반복할수록 그 값이 누적되는 블록이 아닌 것은 무엇인가?

① 90 도 돌기

② 10 만큼 움직이기

③ y좌표를 10 만금 바꾸기

④ x: -163 y: 56 로 이동하기

정답

1. ①   2. ②   3. ④

동작블록을 이용한 게임 프로젝트

학습목표

• 앞장에서 익힌 동작블록을 활용한 예제를 실습해볼 수 있다
• 스프라이트를 마우스로 움직이면서 공을 팅기는 예제를 작성할 수 있다
• 컴퓨터 키보드의 화살표 버튼으로 스프라이트를 좌, 우 로 움직여서 펭귄을 따라잡는 게임을 작성할
  수 있다

1. 공 튕기기 게임_기본

1) 게임 스토리보드 만들기

모든 프로그램들이 그러하듯이 어떤 테마를 가진 게임을 작성하려면 제일 먼저 스토리보드를 만들어야 한다.

스토리보드를 제대로 만들수록 코딩이 한결 쉬워진다. 스토리보드를 만들면서 게임에 대한 알고리즘을 먼저 생각하게 되고 후에 게임에 오류가 났을 때도 스토리보드를 보면서 알고리즘의 오류를 찾아낼 수 있기 때문이다.

❶ '공' 스프라이트를 패들로 막아내면서 공이 사방에 튕기도록 하는 게임이다

❷ 만일 공이 패들에 닿았는지를 체크하고 참이면 공을 다시 튀어 올라가도록 한다

❸ 만일 공이 벽에 닿으면 튕기도록 한다.

❹ 만일 공이 파란 바닥에 닿으면 게임을 종료한다.

2) 새 스프라이트 추가

(1) Ball 스프라이트 추가

[저장소에서 스프라이트 추가]에서 'Ball'을 선택

(2) Paddle 스프라이트 추가

[저장소에서 스프라이트 추가]에서 'Paddle'을 선택

(3) line 스프라이트 추가

[저장소에서 스프라이트 추가]에서 'line'을 선택

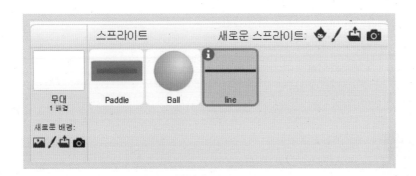

3) 'Ball' 스크립트 작성하기

01 공이 닿았는지 체크하기

'Ball' 스프라이트를 선택한 후 아래 블록을 결합시킨다.

Ball이 Paddle에 닿았는지를 반복해서 체크하고 만약 닿았다면 (즉 공을 잘 막았다면) Paddle에 맞고 튕겨 나갈 수 있도록 [(-180)도 돌기] 와 [(10) 만큼 움직이기]를 실행시킨다.

이때 도는 각도는 [(-180)도 돌기]가 아닌 다른 방향, 다른 각도로 바꿔서 사용해 볼 수 있다.

▷ [초록 깃발을 클릭했을 때] 이벤트블록

▷ [무한 반복하기] 제어블록

▷ [만약 (…)(이)라면] 제어블록

▷ [(…)에 닿았는가?] 감지블록

▷ [(15)도 돌기] 동작블록

▷ [(10)만큼 움직이기] 동작블록

▷ [(1)초 기다리기] 동작블록

---

02 공 팅기기

'Ball' 스프라이트를 선택한 후 아래 블록을 결합시킨다.

▷ [초록 깃발을 클릭했을 때] 이벤트블록
  게임을 시작하게 하는 이벤트 블록이다.

▷ 벽에 닿으면 팅기기] 동작블록
  벽에 닿으면 자연스럽게 사방 벽을 팅긴다

---

4) 'Paddle' 스크립트 작성하기

01 Paddle 마우스로 움직이기

'Paddle' 스프라이트를 선택한 후 아래 블록을 결합시킨다.

▷ [마우스의 x좌표] 동작블록
  마우스의 x좌표값을 출력해준다.

▷ [x좌표를 (…)(으)로 정하기] 동작블록
  [마우스의 x좌표] 출력값으로 x좌표를 정한다

5) 'line' 스크립트 작성하기

01   Line에 닿으면 '게임 종료' 시키기

"line" 스프라이트를 선택한 후 아래 블록을 결합시킨다.

'Ball'이 'line'에 닿으면 공 튕기기 게임을 종료하게 된다.

그러나 스크립트의 주체가 'line'이므로 "Ball에 닿았는가?" 스크립트를 사용해야 한다.

라인에 공이 닿으면 게임을 종료하라는 [방송하기] 블록을 이용한다.

(1) (game over) 방송하기

▶ [(gameover) 방송하기] 이벤트블록

[gameover 방송하기]는 [gameover를 받았을 때] 블록을 이용하여 이벤트를 실행시킬 수 있다.

이 두 개의 블록은 항시 함께 사용해야 한다. 즉, [······ (방송하기)] 블록은 이벤트를 발생(호출)시키고 [······ (를 받았을 때)] 블록이 이벤트를 실행하게 된다.

방송하기 블록은 후반부에 자세히 배우게 된다.

(2) (game over)를 받았을 때

▶ [(gameover)을(를) 받았을 때] 이벤트블록

2. 펭귄 따라잡기 게임

펭귄을 오른쪽 방향키로 움직이고 움직이는 펭귄을 나비가 따라가다 펭귄과 마주치게 되면 "우리 친구 하자"라고 말하는 게임이다.

📝 펭귄 따라잡기 스토리보드

❶ 펭귄 스프라이트를 방향키로 움직인다.

❷ 나비가 펭귄을 따라가도록 움직인다.

❸ 나비가 펭귄과 만났을 때 "우리 친구하자"라고 말한다.

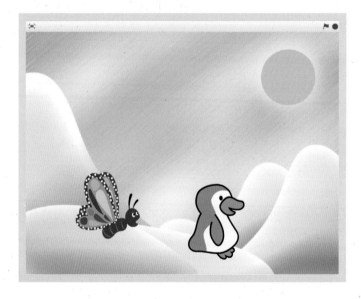

1) 새 스프라이트 및 무대 설정하기

❶ [파일] – [새로만들기]를 클릭하여 새 프로젝트 창을 연다.

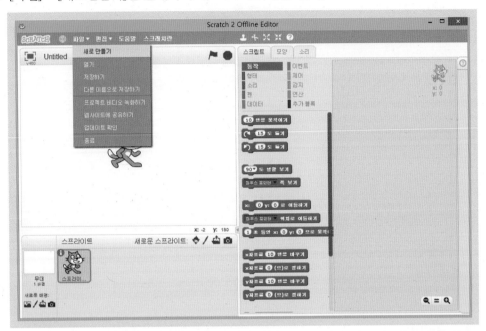

❷ 기본으로 설정되어 있는 '스프라이트1'을 삭제한다.

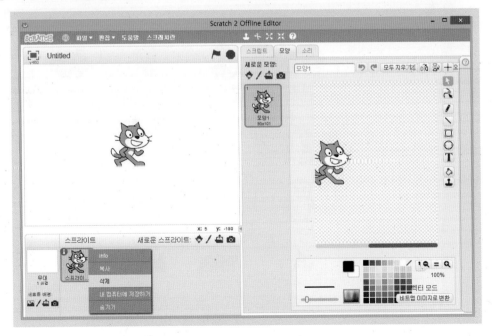

❸ [스프라이트]창에서 [저장소에서 스프라이트 선택]을 클릭한다.

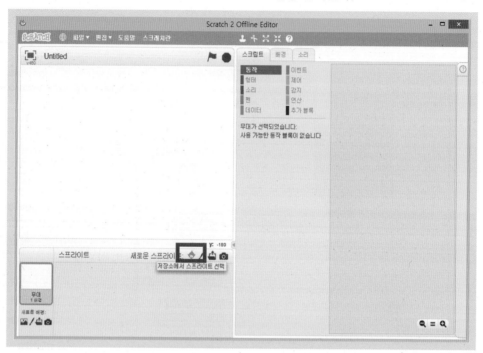

❹ 스프라이트 저장소 창이 열리면 동물–'펭귄'을 선택한 후 [확인]을 클릭한다.

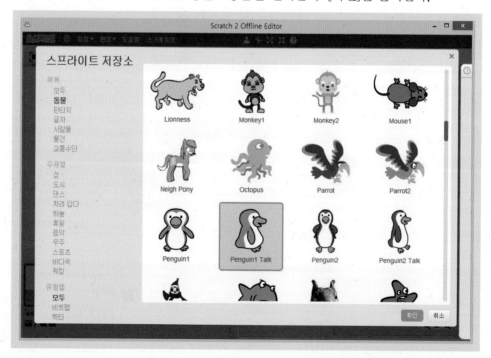

❺ 펭귄 스프라이트가 추가되었다.

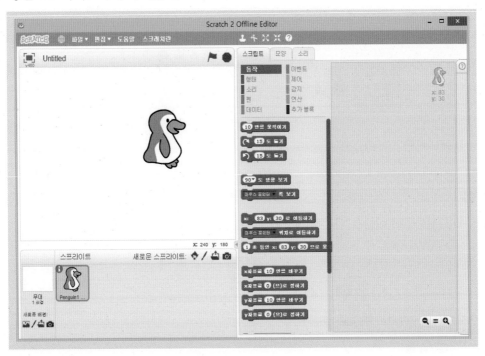

❻ 같은 방식으로 나비 스프라이트도 추가한다.

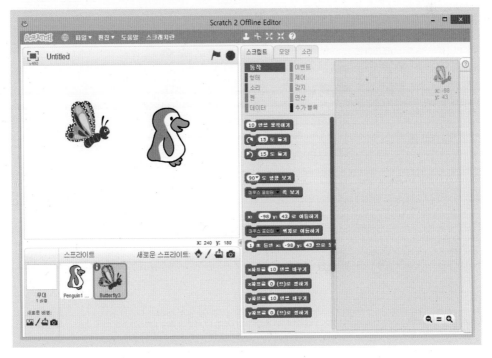

❼ 스프라이트의 파란 윤곽선 왼쪽 위에 아이콘 ⓘ을 클릭하면 [스프라이트 정보] 창이
생성된다.

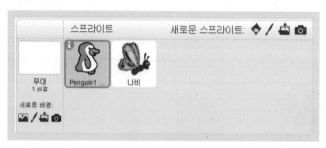

❽ [스프라이트 정보]창에서 스프라이트 이름을 "펭귄"이라고 바꾼 후 왼쪽의 ◀ 화살표
버튼을 눌러 이름을 완성한다.

❾ 스프라이트의 이름이 바뀌었다.

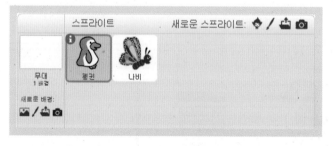

❿ 무대 배경을 선택하기 위해 [무대 정보]창을 선택한 후 [저장소에서 배경 선택]을 클릭한다.

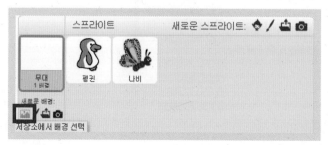

⑪ [실외] 카테고리에서 'slopes'을 선택한 후 [확인]을 클릭한다.

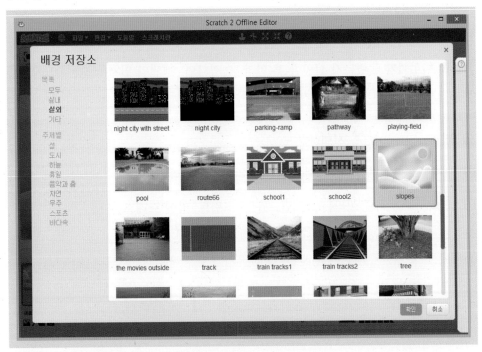

⑫ [실행]창과 [무대 정보]창에서 배경이 새로 등록된 것을 볼 수 있다

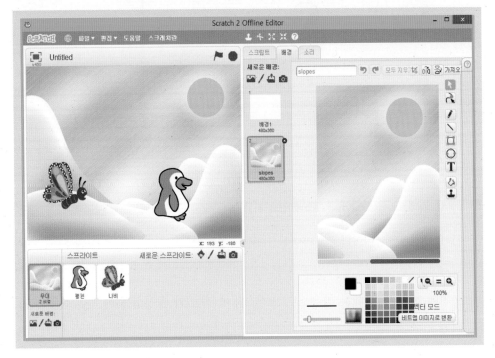

2) 펭귄 스프라이트를 방향키로 움직이기

펭귄은 오른쪽 방향키를 이용하여 오른쪽으로 움직인다.

오른쪽 방향키가 눌렀는지 확인한 후 만약 "눌렀다면" 펭귄의 위치를 오른쪽으로 이동시키는 ([X좌표를 (10)만큼 바꾸기] 블록을 작성한다.

❶ '펭귄' 스프라이트를 선택한다.

❷ 스크립트 블록 모음에서 [제어] 카테고리를 선택한다.

❸ "만약 (   ) 라면"이라는 스크립트를 [스크립트] 창에 드래그한다.

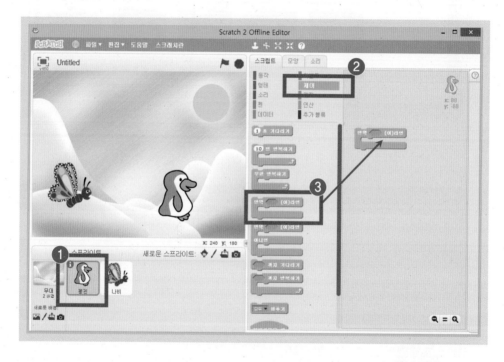

❹ [감지] 카테고리를 선택한 후 "(스페이스) 키를 눌렀는가"라는 스크립트 를 드래그해서 "만약 (   )라면" 스크립트 의 조건(괄호)에 끼워 넣는다.

조건에 끼워 넣을 때는 마우스로 드래그해서 '괄호'가 활성화될 때 마우스를 '드롭' 시키면 된다.

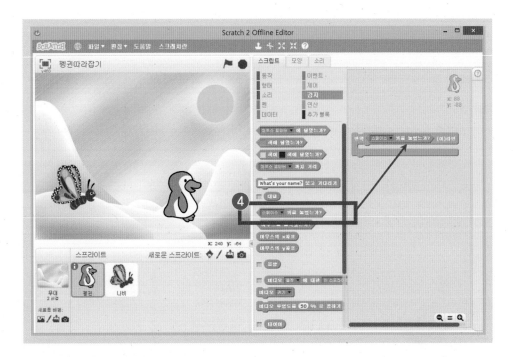

❺ 에서 '스페이스'라고 써있는 부분의 오른쪽 삼각형 콤보 버튼을
클릭하여 "오른쪽 화살표"로 바꾼다.

❻ [동작] 카테고리에서 [X좌표를 (10)만큼 바꾸기] 블록 x좌표를 10 만큼 바꾸기 을 드래그

해서 만약 오른쪽 화살표▼ 키를 눌렀는가? (이)라면 안에 끼워 넣는다.

그러면 오른쪽 화살표를 누를 때마다 펭귄이 오른쪽으로 10만큼 이동한다.

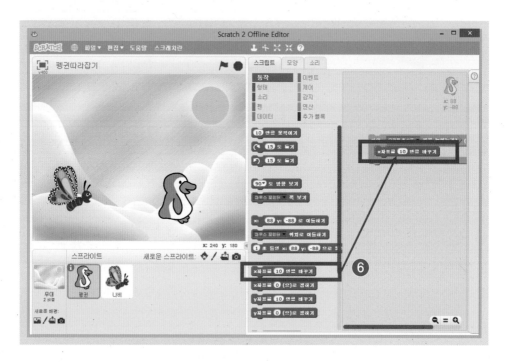

❼ [제어] 카테고리에서 "무한 반복하기" 스크립트 무한 반복하기 를 선택하여 조건문 전체

를 감싸도록 한다.

– 조건문 전체를 무한 반복으로 감싸는 이유는 조건을 반복해서 체크 해야 하기 때문
　이다.

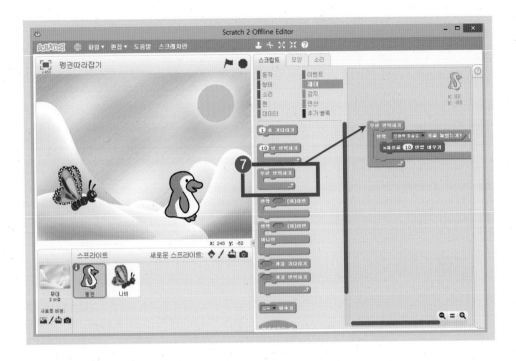

3) 펭귄 스프라이트 위치 초기화 시키기

❶ 게임이 시작하면 펭귄이 제 위치에 가 있도록 무한 반복문 위에

x: -36 y: -105 로 이동하기 블록을 올린다.

x: -36 y: -117 로 이동하기
무한 반복하기
    만약 오른쪽 화살표 ▼ 키를 눌렀는가? (이)라면
        x좌표를 10 만큼 바꾸기

– 펭귄의 위치 초기화는 한 번만 실행되므로 무한 반복에 들어가지 않는다.

4) 나비 스크립트 작성하기

나비는 펭귄과 친구가 되고 싶어 펭귄을 향해 펭귄이 움직이는 대로 따라 간다.

01   '나비' 움직이기

❶ '나비' 스프라이트를 선택한다

❷ [제어] 카테고리에서 "무한 반복하기 ″를 드래그 해서 [스크립트]창에 놓는다.

❸ [동작] 카테고리에서 "(마우스포인터)쪽 보기" 스크립트 마우스 포인터▼ 쪽 보기 를 "무

한 반복하기" 무한 반복하기 안으로 결합시킨다.

마우스 포인터▼ 쪽 보기 에서 "마우스포인터"를 '펭귄'으로 바꿔준다.

나비가 펭귄을 향하고 있어야 펭귄 쪽으로 수평 이동이 가능하기 때문이다.

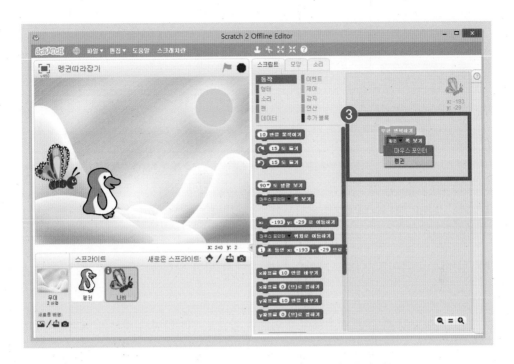

❹ [동작] 카테고리에 "(10)만큼 움직이기" 스크립트 10 만큼 움직이기 를 "(펭귄)쪽 보기" 아래에 위치시킨 후 (10)을 (5)로 바꾼다.

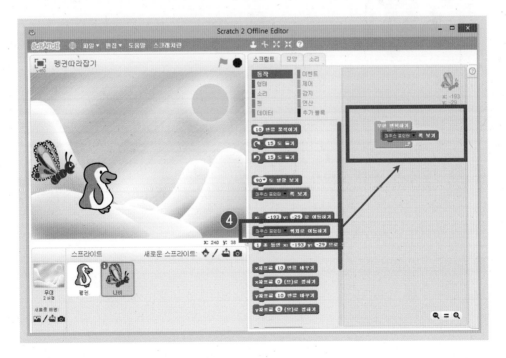

– 나비가 펭귄보다 조금 느리게 움직이도록 해야 하기 때문이다.

❶ '나비' 스프라이트는 [스프라이트 정보]창에서 회전 방식을 "좌⟨–⟩우 회전"으로 설정한다.

스프라이트의 각도가 조금 틀어져 있으면 앞으로 진행하면서 방향이 바뀌게 된다. 따라서 오직 펭귄 쪽으로만 수평 이동 할 수 있도록 설정한다.

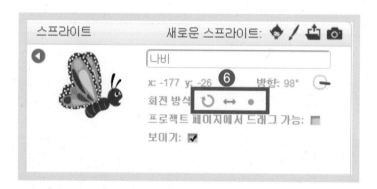

나비가 펭귄과 만났을 때 "우리 친구하자" 말하기

❶ '나비' 스프라이트를 선택한다

❷ [제어] 카테고리에서 "만약 (   )라면" 블록과 "무한 반복하기" 블록을 스크립트 창으로 가져와 결합한다.

❸ [감지] 카테고리에서 "(마우스포인터)에 닿았는가?" 스크립트를 가져온 후 '마우스포인터'를 '펭귄'으로 바꾼다.

"만약에 펭귄에 닿았는가"를 무한 반복으로 체크하려는 것이다.

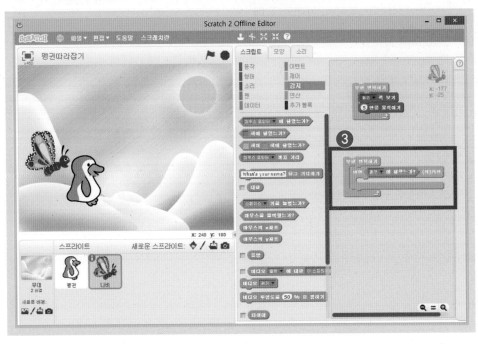

❹ [형태] 카테고리에서 "(Hello!)를 (2)초 동안 말하기" 스크립트를 "(펭귄)에 닿았는가?" 조건문 블록 아래 실행문 자리에 놓는다.

"Hello" 대신 "우리 친구하자"라는 문구로 대체한다.

– 나비가 펭귄에 닿았는지를 계속 반복하여 체크하다가 닿았다면 조건이 '참'이므로 "(우리 친구하자)를 (2)초동안 말하기"스크립트가 실행된다.

```
만약   펭귄 ▼ 에 닿았는가?   (이)라면
    우리 친구하자 을(를) ② 초동안 말하기
```

❺ "(모두) 멈추기" 블록을 "(Hello!)를 (2)초 동안 말하기" 블록 아래에 놓는다.

– 이 스크립트는 프로젝트에 생성된 모든 스크립트를 정지시키는 기능을 가지고 있다.

```
만약   펭귄 ▼ 에 닿았는가?   (이)라면
    우리 친구하자 을(를) ② 초동안 말하기
    모두 ▼ 멈추기
```

나비를 움직이는 블록은 아래와 같다

```
무한 반복하기
    펭귄 ▼ 쪽 보기
    ⑤ 만큼 움직이기
    만약   펭귄 ▼ 에 닿았는가?   (이)라면
        우리 친구하자 을(를) ② 초동안 말하기
        모두 ▼ 멈추기
```

5) 나비 스프라이트 위치 초기화 시키기

❶ 시작 버튼을 누르면 나비가 항상 제 위치에 가 있도록 무한 반복문 위에

`x: -219 y: -55 로 이동하기` 블록을 올린다.

6) 모든 스크립트 동시에 실행시키기

'펭귄'과 '나비' 각각의 스프라이트의 스크립트 블록들에 모두 [이벤트] 카테고리의 "초록 깃발을 클릭했을 때" 스크립트 `클릭했을 때` 를 블록 맨 위에 올려 놓는다.

이 블록은 실행창 위에 있는 🏴 버튼을 클릭하면 실행되어야 하는 블록의 맨 위에 위치시킨다. [실행] 창 위에 있는 🏴 을 클릭하면 모든 스크립트를 동시에 실행시킬 수 있다.

▌ 완성된 스크립트

'나비' 스크립트	'펭귄' 스크립트

학습정리

사용된 블록

- [무한 반복하기] 제어블록

- [만약 (…)(이)라면] 제어블록

- [(…)에 닿았는가?] 감지블록

- [(15)도 돌기] 동작블록

- [(10)만큼 움직이기] 동작블록

- [(1)초 기다리기] 동작블록

- [벽에 닿으면 튕기기] 동작블록

- [마우스의 x좌표] 동작블록

- [(gameover) 방송하기] 이벤트블록

- [(gameover)을(를) 받았을 때] 이벤트블록

- [(마우스포인터)쪽 보기] 동작블록

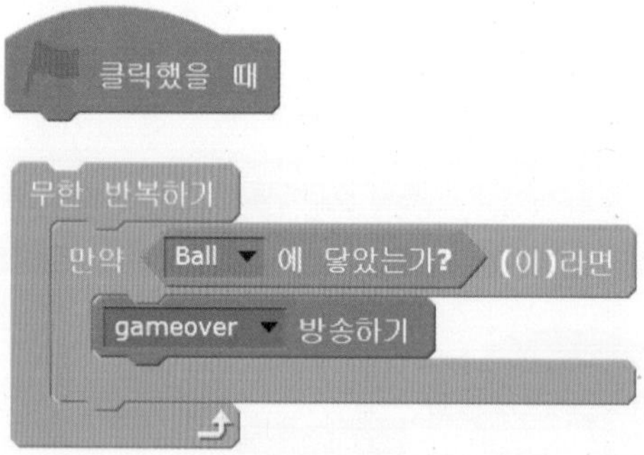

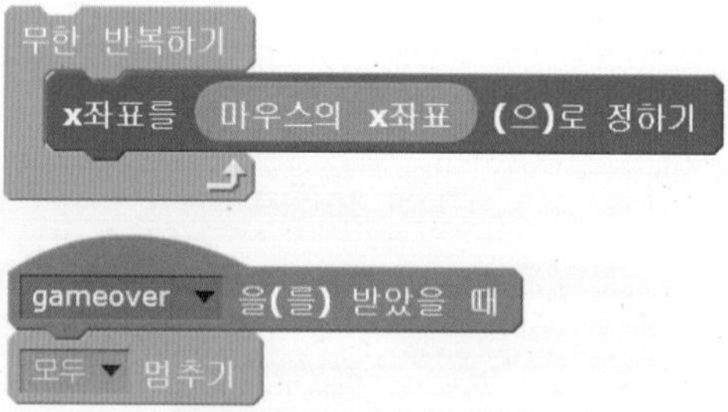

학습평가

1. 다음 중 한 번의 클릭으로 모든 스크립트를 실행시킬 수 있는 블록은 무엇인가?

① 클릭했을 때

② 10 만큼 움직이기

③ 마우스 포인터 ▼ 에 닿았는가?

④ 마우스 포인터 ▼ 쪽 보기

2. 게임이 시작되면 스프라이트의 위치를 초기화시키려고 한다. '초기화' 블록을 몇 번째 블록
위에 놓아야 하는가?

1 무한 반복하기

2 만약 오른쪽 화살표 ▼ 키를 눌렀는가? (이)라면

3 x좌표를 10 만큼 바꾸기

4 모두 ▼ 멈추기

3. 다음 블록 중에서 공이 라인에 닿았는지를 체크하고 싶을 때 사용할 수 있는 블록은 무엇인가?

① 색이 █ 색에 닿았는가?

② 마우스 포인터 ▼ 에 닿았는가?

③ 마우스를 클릭했는가?

④ 스페이스 ▼ 키를 눌렀는가?

프로그램 알고리즘 활용하기
_제어블록

학습목표

- 프로그램에 필요한 기본 알고리즘을 익힐 수 있다
- 제어 블록의 종류와 활용도에 대해 익힐 수 있다
- 반복문과 조건문에 대해 이해할 수 있다

코딩 교사 활용 안

프로그램에서 가장 많이 사용하는 기본 알고리즘인 순차문, 반목문, 조건문 등을 자연스럽게 익힐 수 있게 한다.

반복문이나 조건문은 프로그램에서는 없어서는 안될 만큼 많이 활용된다.

또한 순차문을 길게 사용하는 것 보다는 반복되는 긴 순차문을 반복문으로 바꿀 수 있도록 유도한다.

조건문의 경우 참, 거짓을 가리는 논리의 문제를 학습할 수 있는 좋은 예가 된다.

학생들에게 조건과 결과를 생각하게 해서 다양한 조건문 예제를 만들어 보면서 조건문을 활용하게 한다.

반복문과 조건문을 잘 사용하게 되면 프로그램의 질적 수준이 향상되고 세련된 프로그램이 될 수 있다.

1. 제어 블록 활용하기

[제어 블록]은 주로 스프라이트를 시간으로 제어하거나 횟수를 제한하거나 동작을 멈추게 할 수 있는 블록들이다. 또한 스프라이트를 복제해서 사용할 수 있도록 한다.

[제어 블록]들을 이용해서 단순하게 길게 반복되는 순차문을 간단하게 한줄 짜리 반복문으로 만들 수 있다.

1) 제어 블록의 종류

제어 블록의 종류	의미
1 초 기다리기	스프라이트의 진행을 일정 시간 동안 기다리게 한다.
10 번 반복하기	블록 안의 스크립트를 정해진 숫자 만큼 반복하게 한다.
무한 반복하기	블록 안의 스크립트를 무한 반복하게 해주는 기능이 있다.
만약 (이)라면	"만약 ~라면"의 조건에 맞으면 블록 안의 실행문을 실행하고 조건에 맞지 않으면 조건문을 나와 다음 블록을 실행한다.
만약 (이)라면 / 아니면	"만약 ~라면"의 조건에 맞으면 첫 번째 블록안의 실행문을 실행하고 그렇지 않으면 "아니면" 아래 실행문을 실행한다.
까지 기다리기	조건이 만족될 때까지 기다리게 하는 기능이다.
까지 반복하기	정해진 조건이 만족될 때까지 블록 안의 실행문을 반복하다가 조건이 만족되면 반복문을 빠져나가 그 다음 문장을 실행한다.
모두 ▼ 멈추기	이 블록은 스프라이트의 모든 스크립트를 멈추는 기능으로 스크립트가 무한 반복하는 것을 멈추게 한다. 옵션에는 (모두), (이 스크립트), (스프라이트에 있는 다른 스크립트) 세 가지를 선택해서 사용할 수 있다.
복제되었을 때	스프라이트가 복제되면 바로 다음 블록들을 진행시킨다.
나 자신 ▼ 복제하기	스프라이트의 복제본을 만드는 기능이 있다. 옵션에는 (나 자신) 외에 프로젝트에서 만들어 놓은 다른 스프라이트도 선택해서 복제할 수 있다.
이 복제본 삭제하기	현재의 복제본을 삭제하는 기능이다.

2. 프로그램 기본 알고리즘 이해하기

1) 알고리즘과 순서도

컴퓨터 프로그래밍에서 문제가 발생했을 때 문제를 해결하는 방법을 생각하게 되고 여러 가지 방법 중 효율적이라 판단되는 방법을 선택하여 문제를 해결한다. 이러한 문제 해결 절차를 "알고리즘"이라고 한다.

또한 프로그래밍할 때 프로그램의 실행 순서를 잘 이해해야 한다. 이 실행 순서가 잘못되면 프로그램이 제대로 실행되지 않는다.

따라서 프로그램의 실행 순서를 잘 이해하고 문제 해결을 잘 하기 위해서는 알고리즘을 잘 이해해야 한다.

알고리즘을 설계하지 않고 무작정 프로그래밍을 하게 되면 생각하지 못한 곳에서 실행 오류가 발생하게 되고 어디서 오류가 났는지 찾아내는데 많은 시간을 허비하게 된다.

가장 기본적이면서 가장 많이 사용되는 알고리즘으로 순차문, 반복문, 조건문이 있다.

알고리즘을 특수 기호들로 표현한 방식을 '순서도'라고 하고 순서도를 이용하면 알고리즘을 직관적으로 볼 수 있어 아이디어의 논리를 세우는데 많은 도움이 된다.

2) 순차문(Sequence)

순차문은 주어진 명령어들이 작성된 순서대로 실행되는 것을 의미한다.

스크래치에서는 블록을 쌓는 방식으로 스크립트를 작성하는데 이 블록이 쌓여있는 순서대로 실행되는 것을 말한다.

보통의 경우, 반복하라는 명령이나 조건이 있는 경우가 아니면 순차에 따라 스크립트가 실행된다.

예제 4.1

"스페이스" 키를 눌렀을 때 스크립트가 시작되어

x좌표: 0, y좌표:0 의 위치로 스프라이트를 이동시킨 후

1초간 기다리고

"Hello!"를 2초 동안 말하는 순차문을 작성하시오

이 스크립트는 블록이 쌓여진 순서대로 실행이 되는 순차문이다.

순서도를 보면 아래와 같다.

이 스크립트는 블록이 쌓여진 순서대로 실행이 되는 순차문이다.

3) 반복문(Repetition)

반복문에는 조건에 따라 반복하거나 조건 없이 무한 반복시키는 방법이 있다.

스크립트가 반복되는 부분을 루프(LOOP) 라고 한다.

반복문에는 무한히 반복되는 **'무한 반복문'**과 횟수가 정해져 횟수 만큼 반복되는 **'유한 반복문'**과 조건에 맞는지의 여부에 따라 반복하는 **'조건 반복문'**이 있다.

각각의 반복문의 종류에 따라 사용하는 블록이 정해져 있다.

• 무한반복문　　　　　　　　　　　　　　　　• 유한반복문

• 조건반복문

❶ 무한 반복문(Endless Loop)

　　무한 반복은 루프가 제한 없이 중지 명령이 내려지기까지 계속 반복되는 문장이다.

　　멈춤 버튼을 만들지 않으면 컴퓨터를 끄지 않는 한 계속 돌기 때문에 무작정 무한 반복문을 사용하는 것은 권장하지 않는다.

예제 4.2
"초록 깃발" 실행 버튼을 클릭하면
스프라이트를 10만큼 이동하고
1초 기다린 후
벽에 닿으면 튕기게 되고
이를 무한히 반복한다.

순서도를 보면 아래와 같다.

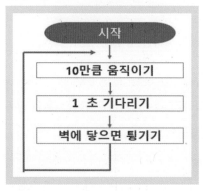

❷ 유한 반복문(Counting Loop)

유한 반복은 반복하는 횟수가 정해져 있는 반복문이다.

예제 4.3

"초록 깃발" 실행 버튼을 클릭하면
스프라이트가 시계 방향으로 60도를 돌고
자신의 색깔을 25만큼 바꾸고
1초 기다리기를
6회 반복하는 반복문이다.

순서도를 보면 아래와 같다.

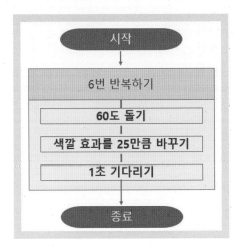

활용 tip

횟수가 정해진 반복문의 경우 반복문을 사용하지 않고도 코딩이 가능하다.

가령, 360도를 돌려면 처음부터 360도를 회전하게 할 수 있다.

그러나 두 스크립트는 움직임에 차이가 있다.

• '60도 회전'을 6번 반복하는 스크립트는 한 번에 60도 씩 회전하여 총 360도 까지 회전하는 모습이 6번에 나눠서 보인다.

• '360도 회전' 스크립트는 360도를 한번에 회전하고 제자리로 돌아오지만 컴퓨터의 처리 속도가 빨라 회전을 하고 있는 모습이 보이지 않는다.

즉, 반복문을 사용할 지의 여부는 그때 그때 프로젝트의 내용에 따라 선택해야 한다.

❸ 조건 반복문

조건 반복은 조건에 따라 반복문이 실행 될지 실행되지 않을 지가 결정된다.

조건반복문은 조건에 만족할 때까지만 반복하는 스크립트이므로 조건을 만족하지 않으면(**거짓이면**) 반복문을 계속 실행하고 조건에 맞으면(**참이면**) 더 이상 반복문을 실행하지 않고 루프를 벗어난다.

조건반복문과 조건문을 혼동해서는 안된다.

조건
까지 반복하기 ──→ 조건이 거짓일 때 실행되는 문장

예제 4.4

해당 스프라이트가 마우스포인터에 닿았는지를 계속적으로 조건 체크를 하다가
마우스포인터에 닿지 않으면 계속해서 (10)만큼 움직이고
(0.5)초 기다리다
비로소 마우스포인터에 닿았을 때 반복문을 빠져나가 "hello"라 말한다.

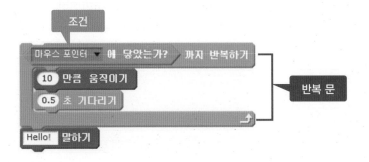

활용 tip

조건 반복문의 순서도

프로그램에서는 알고리즘의 이해를 돕기 위해 순서도를 주로 사용한다.
조건 반복문의 순서도를 보면 ◆에서는 입력한 조건(마우스포인터에 닿았는가?)를 따진다.
조건이 만족되지 않으면 반복 실행문(10만큼 움직이기)를 계속 반복적으로 실행한다.
마우스포인터에 닿는 순간(즉, 조건이 참이 되는 순간) 더 이상 반복문을 실행하지 않고 Loop를 빠져
나와 다음 문장 [(Hello!) 말하기]를 수행한다.

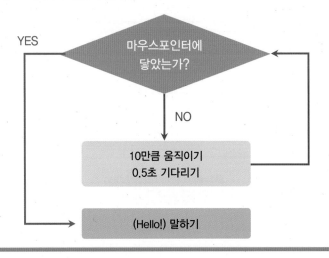

4) 조건문(Selection)

조건문은 주어진 조건에 따라 특정 명령문의 실행 여부를 결정한다.

조건이 맞으면(참이면) 실행문을 실행하고 조건이 맞지 않으면(거짓이면) 조건을 벗어나 다른 명령문을 실행한다.

조건문과 조건 반복문은 조건에 따른 실행 여부가 서로 반대이니 혼동하지 말아야 한다.

01 | **만약 ~ 라면 (If ~ then)**

예제 4.5

이 스크립트는 (a) 키를 눌렀는지 먼저 조건을 확인해보고
(a) 키가 눌러졌다면 y좌표를 100만큼 움직이고
(a) 키가 눌러지지 않았다면 조건문을 실행하지 않고 바로 빠져 나와 (10)만큼 움직이고
벽에 닿으면 팅기도록 한다.

순서도를 보면 아래와 같다.

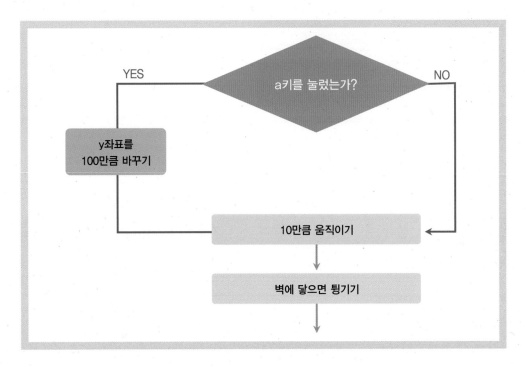

활용 tip

[조건문]은 [무한반복문]과 함께 해야 …

게임 코딩에서 주의할 점은 조건문을 사용할 때 게임에서는 주로 조건이 맞는지를 반복해서 체크해야야 하므로 [무한반복문]블록과 함께 사용하여야 한다.

코딩에서 오류가 나는 많은 이유 중의 하나가 조건문을 무한반복문과 함께 사용하지 않아 조건 체크를 반복해서 하지 않고 한번만 하기 때문에 다른 코딩이 완벽해도 게임이 실행되지 않는다.

02 만약 ~ 이라면 ~ 이 아니면 (If ~then~ else)

조건문에는 조건에 맞으면 실행해야하는 문장과 조건에 맞지 않을 때 실행해야 하는 문장을 함께 작성하는 방식도 있다.

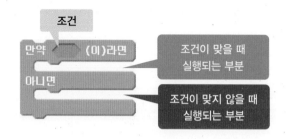

3. 제어 블록 활용 예제_하얀 눈 프로젝트

1) 알고리즘 구상하기

하늘에서 눈이 떨어지고 눈이 하얀 바닥에 닿으면 녹아 없어지는 예제이다.

❶ 하늘에서 눈이 떨어진다 – 눈은 반복문으로 랜덤하게 계속 떨어지게 한다.

❷ 눈이 하얀 바닥에 닿으면 사라진다.

　– 조건이 참이면(눈이 하얀 바닥에 닿으면) 실행문(사라지기)을 실행시킨다.

　– 조건이 거짓이면 (눈이 하얀 바닥에 닿지 않으면) 실행문 (계속 떨어진다)를 실행
　　시킨다.

❸ 순서도를 보면 아래와 같다.

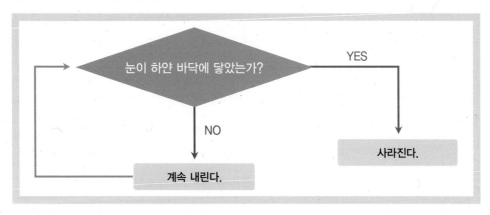

2) 스프라이트 및 무대 설정하기

❶ 스프라이트는 [저장소에서 스프라이트 선택]에서 "Snowflake"를 선택한 후 이름을 "눈"
으로 바꾼다. 크기는 보기좋게 사이즈 조정을 한다.

❷ 스크립트 창 위에 있는 ✕✕ (확대, 축소) 버튼을 클릭한 후 사이즈를 조정하고자 하
는 스프라이트를 반복해서 클릭하면서 사이즈 조절을 할 수 있다.

❸ 배경은 [저장소에서 배경 선택]을 클릭하여 "slopes"을 선택한다.

3) "눈1" 스프라이트 스크립트 작성하기

눈송이가 하나가 아니라 여러 개가 떨어지도록 하기 위해서 '눈1' 스프라이트의 동작 스크립트를 먼저 작성한 후 '눈1' 스프라이트를 복제해서 사용한다.

일반적으로 스크립트를 처음 작성할 때는 자신이 생각한 알고리즘 순서대로 블록을 위치시킨다.

그래서 아래 이미지 순서대로 블록을 쌓지 않고 처음에는 가장 중요한 조건문부터 작성한다. 자신이 생각한 알고리즘 순서대로 블록을 쌓아야 필요한 블록을 빠뜨리지 않고 작성할 수 있고 후에 프로젝트에 오류가 났을 때 디버깅이 쉽다.

먼저 눈이 하얀 바닥에 닿았는지 체크해서 하얀 바닥에 닿았을 때 실행문(0.5초 기다리다 사라진다)을 만든다.

즉, 블록의 위치는 아래 이미지와 같으나 처음 블록을 작성할 때에는 생각하는 순시대로 블록을 쌓게 된다.

❶ 눈이 내려오다가 하얀 눈바닥에 닿으면 눈이 녹아 없어져야 하므로 [만약 ~ 라면] 조건문을 사용한다.

<img> 색에 닿았는가? <img> 블록을 조건에 삽입하고 색을 바꾸려면 색을 한번 클릭해서 손바닥 모양이 나오면 그 상태에서 무대에서 원하는 색상을 클릭하면 된다. (하얀 눈바닥을 클릭)

❷ 눈이 하얀 바닥에 닿게 되면 조건이 참이 되므로 바로 아래 실행문 [(0.5)초 기다리기]블록이 실행된다. 눈은 0.5초 동안 멈춰서 기다린다. (이 딜레이 타임은 동작을 보여주기 위해 사용한다)

❸ 눈이 0.5초 동안 멈춰서 있다가 [숨기기] 블록이 실행되면서 눈은 사라진다.

❹ 조건이 참이 되면 [이 스크립트 멈추기] 블록으로 무한 반복문을 중지 시킨다. 이 스크립트가 없으면 계속해서 무한 반복된다.

❺ 조건에 맞지 않으면 눈이 하얀 바닥에 아직 닿지 않았으므로 눈은 계속 내려야 한다. [y좌표를 (−10)만큼 바꾸기] 블록이 실행되어 눈 스프라이트가 눈 바닥에 닿을 때까지 반복해서 아래로 10만큼씩 이동한다

❻ 눈이 떨어지는 모습을 보이기 위해 대기 시간(0.5초)을 준다.

❼ 실행문 중 [숨기기] 가 있어 반복문이 끝나고 나면 눈이 사라지기 때문에 프로젝트를 다시 시작할 때는 눈 스프라이트가 나타나야 한다. (눈의 초기화)

❽ 눈이 처음 내리기 시작하는 위치로 눈 스프라이트를 이동시킨다. 4 개의 눈 스프라이트가 모두 같은 위치에 있으면 눈이 하나만 있는 것처럼 보이므로 나중에 복사한 4 개의 눈 스프라이트는 좌표값을 각기 달리해야 한다.(눈의 위치 초기화)

　좌표값은 해당 눈 스프라이트를 움직여 놓으면 자동으로 블록에 좌표값이 찍힌다.

❾ 눈 스프라이트가 여러 개이므로 동시에 실행시키기 위해서는 '초록 깃발을 클릭했을 때' 시작 블록을 사용한다.

4) 스프라이트 복제하기

눈이 많이 내리는 상황을 고려해서 눈이 여러 개 있어야 하므로 **'눈1' 스프라이트를 복제해**야 한다.

스프라이트 정보 창에서 '눈1' 스프라이트를 클릭한 후 오른쪽 마우스 버튼을 클릭하여 [복사] 메뉴를 누른다.

스프라이트를 복사하게 되면 스크립트도 함께 복사가 된다.

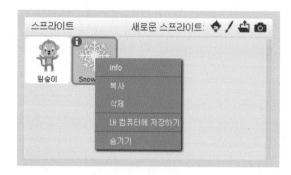

▌ 결과 미리 보기

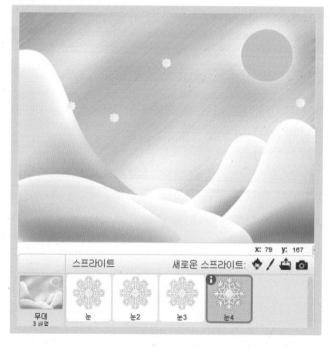

5) 복제한 눈 스프라이트 정보 변경하기

☑ 눈의 초기값 변경

❶ 복제한 눈의 처음 시작하는 **초기 위치값**을 변경해야 한다.

눈이 여러 위치에서 떨어질 수 있도록 눈의 처음 위치값, 특히 가로값(x좌표)을 차이 나게 해야 눈이 자연스럽게 나타난다.

❷ 또한 눈이 떨어져 녹는 하얀색이 위치마다 다르기 때문에 [(…)색에 닿았는가?] **블록의 하얀색을 변경**하기 위해 각각의 눈이 떨어지는 정확한 위치를 다시 클릭해야한다.

◢ 눈의 떨어지는 속도 조절

눈이 각각 다른 속도로 떨어지게 하려면 y좌표값을 조금씩 다르게 지정해야 한다.

6) 하얀 눈 프로젝트 코딩 완성

복제한 눈 스프라이트의 스크립트는 거의 같고 두 군데만 다르게 지정하면 된다.

◢ 눈1

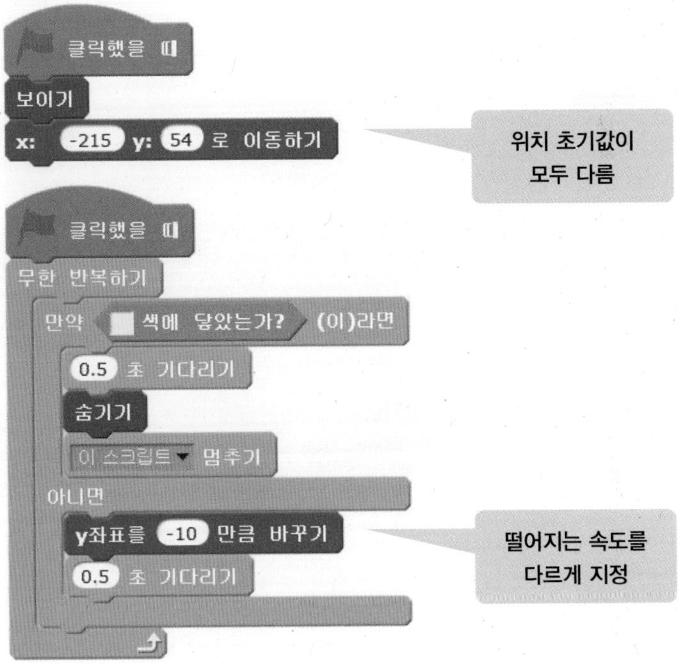

위치 초기값이
모두 다름

떨어지는 속도를
다르게 지정

☑ 눈2

```
클릭했을 때
보이기
x: 157 y: 61 로 이동하기
```

> 위치 초기값이
> 모두 다름

```
클릭했을 때
무한 반복하기
    만약 █ 색에 닿았는가? (이)라면
        0.5 초 기다리기
        숨기기
        이 스크립트 ▼ 멈추기
    아니면
        y좌표를 -9 만큼 바꾸기
        0.5 초 기다리기
```

> 떨어지는 속도를
> 다르게 지정

☑ 눈3

```
클릭했을 때
보이기
x: -144 y: 36 로 이동하기
```

> 위치 초기값이
> 모두 다름

```
클릭했을 때
무한 반복하기
    만약 █ 색에 닿았는가? (이)라면
        0.5 초 기다리기
        숨기기
        이 스크립트 ▼ 멈추기
    아니면
        y좌표를 -8 만큼 바꾸기
        0.5 초 기다리기
```

> 떨어지는 속도를
> 다르게 지정

■ 눈4

```
클릭했을 때
보이기
x: -60  y: 160 로 이동하기
```
> 위치 초기값이
> 모두 다름

```
클릭했을 때
무한 반복하기
  만약  ■ 색에 닿았는가?  (이)라면
    0.5 초 기다리기
    숨기기
    이 스크립트 ▾ 멈추기
  아니면
    y좌표를 -11 만큼 바꾸기
    0.5 초 기다리기
```
> 떨어지는 속도를
> 다르게 지정

4. 장애물 건너기 게임_타이머

1) 게임 스토리보드

❶ 소방차 스프라이트가 불이 난 곳으로 가서 불을 끄려고 한다.

❷ 소방차를 키보드의 화살표로 위, 아래, 좌, 우로 이동시킬 수 있다.

❸ 소방차가 지나가는 길목마다 장애물이 있어 장애물을 잘 지나갈 수 있도록 키보드 키를 이용하여 소방차 스프라이트를 회전시키면서 지나가야한다.

❹ 게임의 규칙은 소방차가 벽에 부딪치거나 장애물에 부딪치면 다시 원래 위치로 돌아간다.

❺ 소방차가 장애물을 넘어 불을 *끄기* 까지 걸리는 시간을 타이머로 잴 수 있다.

2) 새 스프라이트 및 배경 추가

이번 예제에 사용된 스프라이트 및 배경은 스크래치 프로그램에서 제공하는 것이 아니고 외부에서 가져와 [스프라이트 파일 업로드] 방식을 이용해보도록 한다.

[스프라이트 파일 업로드]에서 '소방차', '장애물'을 추가한다.

[배경 파일 업로드 하기]에서 '미로.png'를 추가한다.

미로 배경이나 장애물 스프라이트는 이미지에디터에서도 쉽게 작성할 수 있다.

6차시에서 이미지에디터를 배운 후 미로와 장애물을 추후에 다시 제작해서 사용해도 좋다.

* 외부 스프라이트 파일은 교재에서 정한 웹하드에서 다운 받는다.

3) 스크립트 작성하기

01　**소방차 스크립트_1_"닿았는가?"**

❶ 소방차는 미로, 장애물, 그리고 불난 곳에 닿았는지를 계속 체크하는 게 중요하다.

❷ 미로는 파란색 벽, 장애물은 분홍색, 불은 노란색으로 되어 있으므로 각각의 [(…)색에 닿았는가?] 블록을 이용하여 조건문의 조건으로 삽입한 후 조건문을 [무한반복]시킨다.

❸ 만일 각각의 색에 닿았다면 소방차는 무조건 원위치로 돌아가야 한다.

❹ 소방차는 회전하면서 장애물을 통과해야 하므로 스프라이트 정보창에서 '회전하기'로 되어 있는지 다시 한번 확인한다.

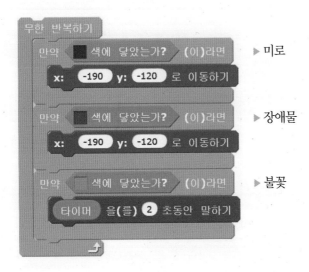

▶ 미로

▶ 장애물

▶ 불꽃

활용 tip

여러 스프라이트가 등장하는 프로젝트 코딩을 할 때에는 어떤 스프라이트를 선택하고 스크립트 블록 코딩을 하느냐가 중요하다. 등장하는 스프라이트가 많아 질수록 코딩전 해당 스프라이트를 확인해야 한다.

02   소방차 스크립트_2_움직이기

❶ 소방차를 움직이기 위해서 [(스페이스)키를 눌렀는가?] 블록을 이용한다.

❷ 아래 표에서와 같이 모두 4개의 조건문 블록을 만들고 (스페이스)대신 각각에 해당되는 방향화살표를 선택한다.

❸ 가령, 오른쪽 화살표 키를 눌렀다면 소방차 스프라이트를 오른쪽으로 이동시키기 위해서 [(90)도 방향보기]와 [(5)만큼 움직이기] 블록을 실행문안에 순서대로 쌓는다.

❹ 다른 화살표 방향키도 같은 방식으로 화살표 방향과 그 방향에 맞는 각도를 설정해 준다.

❺ 각각의 방향키를 클릭했을 때 소방차 모양이 어떻게 변하는지도 잘 관찰한다.

키보드	스크립트
오른쪽 화살표	만약 〈오른쪽 화살표▼ 키를 눌렀는가?〉(이)라면 　90▼ 도 방향 보기 　5 만큼 움직이기 [90도 방향]보고 (5)만큼 이동
왼쪽 화살표	만약 〈왼쪽 화살표▼ 키를 눌렀는가?〉(이)라면 　-90▼ 도 방향 보기 　5 만큼 움직이기 [(-90)도 방향]보고 (5)만큼 이동
위쪽 화살표	만약 〈위쪽 화살표▼ 키를 눌렀는가?〉(이)라면 　0▼ 도 방향 보기 　5 만큼 움직이기 [(0)도 방향]보고 (5)만큼 이동

키보드	스크립트
아래쪽 화살표 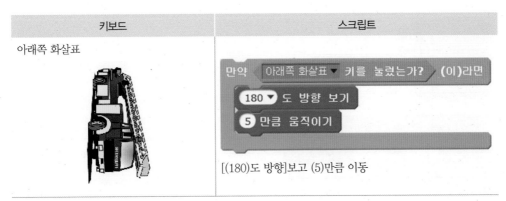	만약 〈 아래쪽 화살표 ▼ 키를 눌렀는가? 〉 (이)라면 180 ▼ 도 방향 보기 5 만큼 움직이기 [(180)도 방향]보고 (5)만큼 이동

* 소방차의 모양은 소방차 스프라이트 정보창에 회전방식에 따라 다르게 움직이므로 회전방식을 '회전하기'로 설정해야 위와 같은 모양으로 방향보기가 될 수 있다.

03 소방차 스크립트 전체보기

클릭했을 때

불이 났어요. 빨리 소방차가 가야해요 !!! 을(를) 4 초동안 말하기

무한 반복하기

　만약 〈 오른쪽 화살표 ▼ 키를 눌렀는가? 〉 (이)라면
　　90 ▼ 도 방향 보기
　　5 만큼 움직이기

　만약 〈 왼쪽 화살표 ▼ 키를 눌렀는가? 〉 (이)라면
　　-90 ▼ 도 방향 보기
　　5 만큼 움직이기

　만약 〈 위쪽 화살표 ▼ 키를 눌렀는가? 〉 (이)라면
　　0 ▼ 도 방향 보기
　　5 만큼 움직이기

　만약 〈 아래쪽 화살표 ▼ 키를 눌렀는가? 〉 (이)라면
　　180 ▼ 도 방향 보기
　　5 만큼 움직이기

클릭했을 때

x: -190 y: -120 로 이동하기

타이머 초기화

무한 반복하기

　만약 ⬛ 색에 닿았는가? (이)라면

　　x: -190 y: -120 로 이동하기

　만약 ⬛ 색에 닿았는가? (이)라면

　　x: -190 y: -120 로 이동하기

　만약 ⬜ 색에 닿았는가? (이)라면

　　타이머 을(를) ② 초동안 말하기

04 장애물 스크립트

장애물은 각각 회전 속도와 도는 방향을 달리하면서 게임의 난이도를 높일 수 있다.

장애물을 제대로 회전시키기 위해서는 두 가지 옵션을 설정해야 한다.

(1) 두 가지 옵션 설정

장애물의 회전의 중심점 가운데로 잡기

장애물 스프라이트 정보창에서 회전방식이 '회전하기'로 되어 있어야 한다.

(2) 장애물 중심점 가운데로 잡기

장애물 스프라이트는 회전을 해야 하므로 회전할 때 회전의 중심점이 어디에 있냐에 따라 회전하는 모양이 달라진다.

이미지에디터에서 회전 중심점을 가운데로 잡는다.

'중심점잡기' 버튼을 클릭한 후 도형의 가운데를 클릭하면 된다.

(이미지에디터는 6차시에서 자세히 다룬다.)

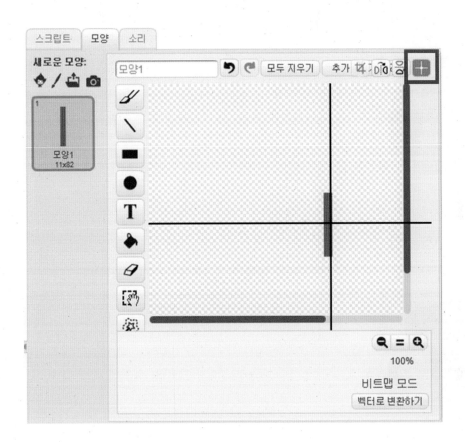

(3) 장애물1

왼쪽으로 20도 돌기

(4) 장애물2

왼쪽으로 25도 돌기

방향은 같으나 각도가 더 커서 회전 속도가 더 빠르게 진행된다.

(5) 장애물3

오른쪽으로 20도 돌기

블록의 회전방향은 같으나 음수이므로 반대 방향인 오른쪽으로 20도 회전한다.

학습정리

1. 순차문

   주어진 명령어들이 작성된 순서대로 실행되는 것을 의미한다.

   스크래치에서는 블록을 쌓는 방식으로 스크립트를 작성하는데 이 블록이 쌓여있는 순서대로 실행이 되는 것을 말한다.

2. 반복문

   조건에 따라 반복하거나 조건 없이 무한 반복시키는 방법이 있다.

   스크립트가 반복되는 부분을 루프(LOOP) 라고 한다.

   반복문에는 무한히 반복되는 '무한 반복문'과 횟수가 정해져 횟수 만큼 반복되는 '유한 반복문'과 조건에 맞는지의 여부에 따라 반복하는 '조건 반복문'이 있다.

3. 조건문

   주어진 조건에 따라 특정 명령문의 실행 여부를 결정한다.

   조건이 맞으면 (참이면) 명령문을 실행하고 조건이 맞지 않으면(거짓이면) 해당 명령문을 실행하지 않거나 다른 명령문을 실행한다.

   조건문은 조건을 한 번 체크한 후 더 이상 체크하지 않기 때문에 프로그램이 실행되는 동안 반복해서 조건을 체크하기 위해서는 무한 반복문과 함께 사용해야 한다.

4. 스프라이트 복제

   스프라이트를 복사하게 되면 스크립트도 함께 복사가 된다.

학습평가

1. 다음 블록 중 반복문에 해당되지 않는 것은?

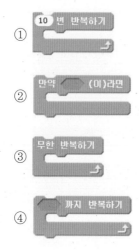

2. 다음 중 아래 조건문의 조건 영역에 들어갈 수 없는 블록은 무엇인가?

3. 다음 알고리즘 중 블록을 한번 클릭했을 때 자동으로 실행이 되는 블록은 무엇인가?

① 무한 반복하기
　10 만큼 움직이기
　↻ 15 도 돌기
　크기를 -10 만큼 바꾸기

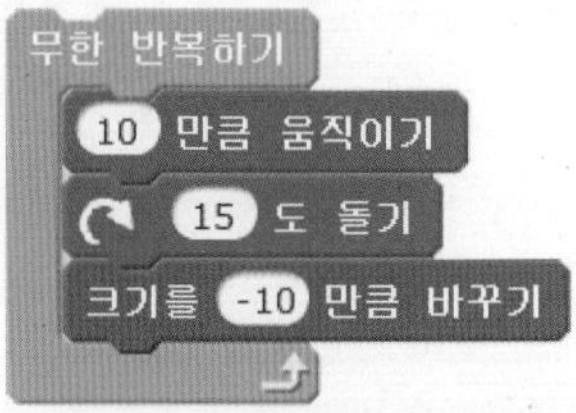

② 만약 〈마우스 포인터▼에 닿았는가?〉(이)라면
　색깔▼ 효과를 25 만큼 바꾸기

③ 무한 반복하기
　만약 〈마우스 포인터▼에 닿았는가?〉(이)라면
　　1 초 기다리기
　　색깔▼ 효과를 25 만큼 바꾸기

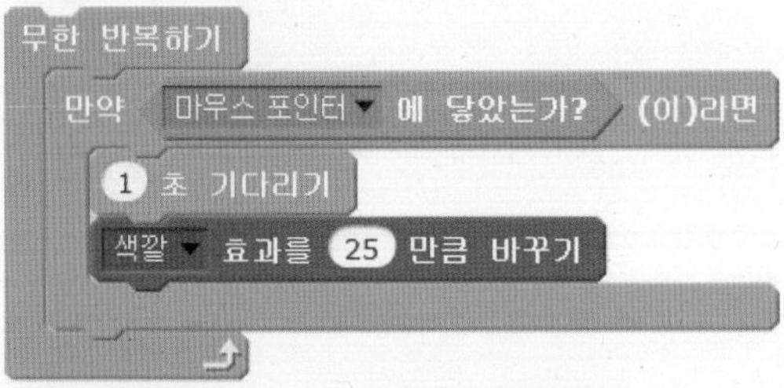

④ 〈마우스를 클릭했는가?〉까지 반복하기
　벽에 닿으면 튕기기

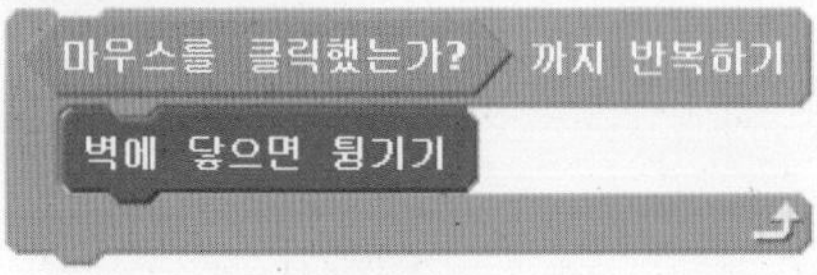

정답
1. ②　2. ①　3. ①

패션 게임 프로젝트
_형태블록

학습목표

- 형태 블록의 종류와 특징에 대해 알 수 있다
- 형태 블록을 이용하여 색상이나 모양을 변경시킬 수 있다
- 무대 배경을 다양하게 바꿔볼 수 있다

1. 형태 블록 활용하기

형태 블록을 사용하면 스프라이트가 움직일 때 크기나 색상의 변화를 줄 수 있고 재미있는 말풍선도 만들 수 있다.

또한 스프라이트를 나타나게 할 수도 사라지게 할 수도 있다.

1) 형태 블록의 종류

형태 블록의 종류	스크립트 의미
Hello! 을(를) 2 초동안 말하기	스프라이트가 하는 말을 말 풍선으로 표현한다. 원하는 내용의 말 풍선이 2초동안 나왔다가 사라진다. Hello!
Hello! 말하기	입력 받은 말을 말 풍선으로 표현한다.
Hmm... 을(를) 2 초동안 생각하기	2초 동안 생각하는 내용을 생각 풍선으로 표현한다. 야! 신난다
Hmm... 생각하기	입력 받은 생각을 생각 풍선으로 표현한다.
보이기 숨기기	스프라이트를 보이게 하거나 숨기는 기능이 있다.
모양을 모양2 ▼ (으)로 바꾸기	스프라이트의 모양을 모양 이름으로 바꾼다.
다음 모양으로 바꾸기	스프라이트 모양을 다음 모양으로 바꾼다.

형태 블록의 종류	스크립트 의미
배경을 배경1 ▼ (으)로 바꾸기	배경을 다양하게 저장해두고 다양한 배경으로 바꿀 수 있다.
색깔 ▼ 효과를 25 만큼 바꾸기	스프라이트에 다양한 그래픽 효과를 줄 수 있다. 색깔, 어안 렌즈, 소용돌이, 픽셀화, 모자이크 밝기, 반투명 효과 등이 있다. 색깔 ▼ 효과를 25 만큼 바꾸기 색깔 어안 렌즈 소용돌이 픽셀화 모자이크 밝기 반투명
색깔 ▼ 효과를 0 (으)로 정하기	효과가 누적되지 않고 정해진 숫자만큼 한 번에 효과를 준다.
그래픽 효과 지우기	지금까지 주었던 모든 그래픽 효과를 지우고 스프라이트 원래의 모습으로 되돌린다.
크기를 10 만큼 바꾸기	스프라이트의 크기를 변화시킨다. 이 블록을 반복해서 사용할 경우 크기가 누적된다. 0보다 큰 값이면 크기가 누적되어 커진다. 반대로 0보다 작은 값이면 크기가 누적되어 작아진다.
크기를 100 % 로 정하기	스프라이트의 크기를 백분율로 변화시킨다. 원래 크기를 100%로 하고 100보다 작은 숫자는 원래 보다 작게, 100보다 큰 숫자는 원래 보다 크게 변화시킨다. 50% 100% 150%
맨 앞으로 순서 바꾸기	스프라이트가 여러 개 겹쳐있을 때 가장 앞으로 보여지게 한다.
1 번째로 물러나기	스프라이트가 여러 개 겹쳐있을 때 숫자만큼 뒤로 물러난다.

형태 블록의 종류	스크립트 의미
모양 #	한 스프라이트가 여러 모양을 하고 있을 때 모양 1, 모양 2, 이런 식의 이름을 갖게 된다. 현재 스프라이트의 모양 번호를 출력해준다.
배경 이름	현재 무대에서 사용되는 배경 이름을 출력해준다. 배경 이름은 무대 배경을 바꿀 때 호출하여 사용할 수 있다.
크기	현재 스프라이트의 크기를 백분율 숫자로 출력해준다.

2) 형태 블록 활용 비교

(1) 모양 바꾸기

모양 바꾸기는 모양의 이름을 선택해서 바꾸는 방법과 등록된 모양들을 자동으로 순서대로 다음 모양으로 바꾸는 방법이 있다.

01 모양 바꾸기 비교 예제

모양을 모양2 ▼ (으)로 바꾸기	다음 모양으로 바꾸기
스프라이트의 모양을 바꾸는 기능이 있다. 한 스프라이트에 다양한 모양을 지정해 두어야 한다. 모양1, 모양2, 모양3 등의 이름으로 정한다.	스프라이트의 모양을 바꾸는 기능이 있다. 한 스프라이트에 다양한 모양을 지정해 두어야 한다. 모양 이름으로 지정하는 것이 아니라 순서대로 모양이 바뀌도록 한다.

아래 예제를 그대로 따라 해보면 두 블록의 차이를 바로 알 수 있다.

실습을 할 때에는 모양을 직접 변화시키기 어려우면 아래 예제에서처럼 모양 추가에서 다른 스프라이트를 지정해도 된다.

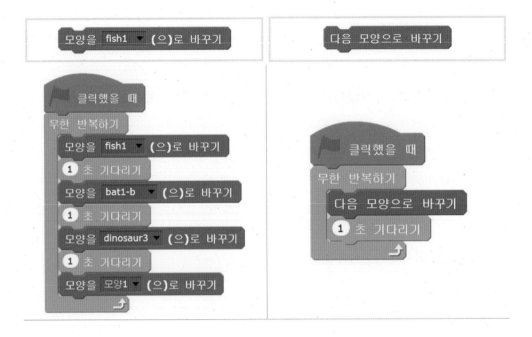

│ 결과 미리보기

두 예제의 결과는 같다. 1초 간격으로 물고기, 박쥐, 공룡, 고양이 등의 모양으로 나타난다.

만일 이와 같이 하나의 스프라이트에 있는 모양을 모두 순서대로 나타나게 할 때에는 오른쪽 예제가
코딩을 더 단순하게 해준다.

(2) 색깔 바꾸기

색깔 바꾸기는 색깔을 누적해서 **바꾸는** 방법과 한번에 하나의 색깔로 **정하는** 방법이 있다.

색깔 ▼ 효과를 25 만큼 바꾸기	색깔 ▼ 효과를 0 (으)로 정하기
스프라이트에 다양한 그래픽 효과 – 색깔, 어안 렌즈, 소용돌이, 픽셀화, 모자이크 밝기, 반투명 효과 – 를 줄 수 있다.	스프라이트에 다양한 그래픽 효과 – 색깔, 어안 렌즈, 소용돌이, 픽셀화, 모자이크 밝기, 반투명 효과 – 를 줄 수 있다.
블록이 실행될 때마다 효과들이 누적되어 나타난다.	효과가 누적되지 않고 정해진 숫자만큼 한 번에 효과를 준다.

02 색깔효과 바꾸기 / 정하기 비교 예제

색깔 효과를 4단계로 25만큼 바꾼 후 자신을 도장찍기 해놓고 이동하여 색깔 효과를 100으로 정한다.

25만큼씩 반복해서 4번 색깔효과를 바꾼 것과 한번에 색깔 효과를 100으로 바꾼 것의 결과는 같다.

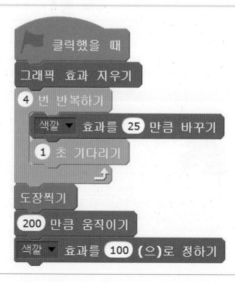

▌결과 미리보기

2. 패션 게임 프로젝트

패션 게임 프로젝트는 마우스로 드래그를 해서 Dani에게 옷을 입히는 게임이다.

이 게임에서는 여러 종류의 옷을 입혀야 해서 스프라이트들이 많이 나오지만 하나의 스프라이트 스크립트만 작성한 후 나머지 스프라이트들은 **스크립트를 복사해서 사용**하면 되기 때문에 그다지 어렵지 않게 실습을 진행할 수 있다.

언제나 중요한 것은 게임을 구성하는 알고리즘이다.

장면이 바뀌면서 스토리가 길어지고 각각의 장면에 필요한 스크립트들을 모두 한꺼번에 다 생각해 내기는 어렵다. 하지만 앞으로 좀더 조직적이고 난이도 있는 코딩을 위해서는 생각 알고리즘을 **스토리보드를 통해 체계적으로 잘 구성**하고 단계별로 스크립트를 작성하는 연습이 반드시 필요하다.

1) 전체 스토리보드

❶ Dani가 백화점으로 옷을 사러 가겠다고 말을 한다.

❷ 옷을 사러 가는 장면으로 배경이 바뀐다.

❸ 장면이 바뀌는 방법(버튼)을 생성한다.

❹ 백화점에 도착하면 옷이 디스플레이 되어 있다.

❺ 옷 색깔이 마우스로 클릭할 때마다 색상이 계속 변하도록 한다.

❻ 옷을 마우스로 드래그해서 Dani 몸에 갖다 대면 옷이 몸에 붙는다.

2) 스프라이트 및 배경 추가

(1) [저장소]에서 아래 스프라이트를 추가한다.

(2) [배경 저장소]에서 아래 배경 세 개를 추가한다.

| [장면 1] | [장면 2] | [장면 3] |
| Bedroom2 | Metro1 | Spotlight-stage2 |

3) 장면 1, 2, 3 스크립트 작성하기

패션 게임에서는 장면이 여러 개 나오므로 장면 별로 스토리보드를 작성하고 코딩을 하는 것이 좋다.

각각의 스프라이트 및 배경을 선택한 후 스크립트를 작성해본다

01   장면 1 스토리 보드

[장면 1]은 bedroom2에서 Dani가 말을 하는 장면이다

화살표 스프라이트를 클릭하면 다음 배경으로 바뀌도록 한다.

[장면 1]에서 필요한 스크립트를 직관적으로 볼 수 있도록 도표로 작성했다.

스프라이트/배경	역할	스크립트
Bedroom2 	Dani의 집	 처음 프로젝트가 시작되면 배경이 bedroom2로 바뀌어야한다.
Dani 	"심심한데 오랜만에 옷이나 사러 가볼까??"라고 2초동안 생각한다.	 Dani가 침실에서 2초동안 생각한다 [(1)초 기다리기]는 게임 시작 버튼이 클릭되고 천천히 시작하도록 하기 위한 운영상의 딜레이 타임이다.
Arrow1 	화살표 버튼을 클릭해서 다음 장면으로 간다	 다음 장면으로 가기 위해 배경을 순서대로 '다음 배경으로바꾸기'로 한다. 화살표를 클릭하면서 배경을 전환시키기 때문에 [이 스프라이트가 클릭될 때]_이벤트 블록을 이용한다.

02 장면 2 스토리 보드

배경은 Metro1으로 바뀐다

[장면 2]는 Dani가 2초동안 몇 마디 말을 하는 장면이다

화살표 스프라이트를 클릭하면 다음 배경으로 바뀌도록 한다

스프라이트/배경	역할	스크립트
Metro1	백화점 가는 길	스크립트가 필요없다.
Dani	"룰루랄라 00백화점으로 갈까?" 라고 2초동안 생각한다	배경이 metro1 (으)로 바뀌었을 때 1 초 기다리기 룰루랄라 00백화점으로 갈까? 을(를) 2 초동안 생각하기 배경이 metro1으로 바뀌면 Dani가 생각한다.
Arrow1	화살표 버튼을 클릭해서 다음 장면으로 간다	[장면1]에서 한번 작성한 스크립트로 클릭할 때 마다 계속 다음 배경으로 바뀐다

03 장면 3 스토리 보드

배경은 Spotlight-stage2로 바뀐다.

[장면 3]에서는 Dani에게 옷을 갈아 입힐 수 있도록 옷 입히기 아이템들이 나타난다.

아이템들을 드래그해서 Dani의 몸에 닿으면 옷을 입힐 수 있다.

아이템들은 클릭하면서 원하는 색깔로도 바꿀 수 있다.

스프라이트/배경	역할	스프라이트
Spotlight-stage2	백화점 옷 가게 안	스크립트가 필요없다.
Dani	"마우스로 클릭하면 색상이 변경되고 드래그를 하면 옷을 입을 수 있어"라고 5초동안 말한다	배경이 spotlight-stage2 ▾ (으)로 바뀌었을 때 / 1 초 기다리기 / 마우스로 클릭하면 색상이 변경되고 을(를) 5 초동안 말하기
Arrow1	화살표 버튼을 클릭해서 다음 장면으로 간다	[장면1]에서 작성한 스크립트로 클릭할 때 마다 계속 다음 배경으로 바뀐다

4) Bowtie 스크립트 작성하기

01   **Bowtie 스크립트 1 작성**

장면 스크립트 작성이 끝나면 옷 입히기 아이템들에 대한 스크립트를 작성한다.

Bowtie 스프라이트를 선택한다.

옷 입히기 아이템은 총 6개이지만 같은 동작들이 반복되는 아이템이므로 하나의 아이템
에 스크립트 작성한 후 나머지 아이템들은 스크립트 복사 방식을 이용한다.

▶ Bowtie는 [장면3]에서만 나타나야 한다.
▶ 다른 배경에서는 [숨기기] 블록을 이용하고
  [장면3]인 Spotlight-stage2 에서만
  [보이기]를 한다

```
배경이  metro1 ▼  (으)로 바뀌었을 때
숨기기

배경이  bedroom2 ▼  (으)로 바뀌었을 때
숨기기

배경이  spotlight-stage2 ▼  (으)로 바뀌었을 때
보이기
```

▶ 이 아이템을 클릭했을 때마다 색깔을
  바꾼다

```
이 스프라이트가 클릭될 때
색깔 ▼  효과를  25  만큼 바꾸기
```

02   **Bowtie 스크립트 2 작성**

계속해서 Bowtie를 마우스로 드래그해서 Dani의 몸에 닿으면 입혀지도록 한다. 옷이 입
혀질 때 Dani의 몸의 정확한 위치에 입혀지도록 해야 한다.

즉, 옷 입히기 아이템이 Dani의 몸에 닿기만 해도 Dani몸의 정확한 위치에 가서 붙도록
하는 것이다.

이때 만일, Bowtie가 Dani의 몸에 닿지 않은 곳으로 드래그 되었다면 다시 원래 디스플
레이 되어 있었던 위치로 자동으로 돌아가도록 해야 한다. ([if ~ then ~ else] 사용)

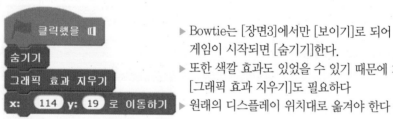

❶ (조건문_조건) 만일 Dani의 몸에 Bowtie를 가져가 닿게 하면

❷ (조건문_참일때_실행) Bowtie가 Dani 몸의 정해진 위치(x: −165 y: 42)로 이동하
도록 정확한 좌표 값을 준다.

❸ (조건문_거짓일때_실행) Dani의 몸에 가져가지 않고 다른 곳에 드래그했을 때를 대
비해서 Dani의 몸에 닿지 않으면 Bowtie가 디스플레이 되어 있던 원래 위치(x: 114
y: 19)로 이동한다.

❹ 조건문이 무한 반복하도록 [무한 반복하기] 스크립트를 사용한다.

---

03 **Bowtie 스크립트 3 작성**

▶ Bowtie는 [장면3]에서만 [보이기]로 되어 있어야 하므로
게임이 시작되면 [숨기기]한다.

▶ 또한 색깔 효과도 있었을 수 있기 때문에 게임이 시작되면
[그래픽 효과 지우기]도 필요하다

▶ 원래의 디스플레이 위치대로 옮겨야 한다

(Bowtie 스크립트 2 작성) 블록들을 (Bowtie 스크립트 3 작성) 블록들 아래에 이어 붙인다.

04　Bowtie 스크립트 완성

```
클릭했을 때
숨기기
그래픽 효과 지우기
x: 114 y: 19 로 이동하기
무한 반복하기
  만약  Dani ▼ 에 닿았는가?  (이)라면
    x: -165 y: 42 로 이동하기
  아니면
    x: 114 y: 19 로 이동하기
```

```
배경이 spotlight-stage2 ▼ (으)로 바뀌었을 때
보이기
```

```
이 스프라이트가 클릭될 때
색깔 ▼ 효과를 25 만큼 바꾸기
```

```
배경이 metro1 ▼ (으)로 바뀌었을 때
숨기기
```

```
배경이 bedroom2 ▼ (으)로 바뀌었을 때
숨기기
```

5) 나머지 아이템들의 스크립트 작성하기

나머지 옷 입히기 아이템들은 Bowtie 스크립트를 모두 복제하여 사용한다.

다만, 각 스프라이트들의 원래의 **디스플레이 되어 있는 위치값**과 Dani의 **몸에 닿았을 때의 위치값**만 각각 다르게 지정하면 된다.

📋 스크립트 블록 복사하기

스프라이트의 동작 스크립트가 반복되는 경우 동일한 스크립트는 [복사]해서 사용하는 방법을 익힐 수 있다.

❶ 쌓여있는 블록에 마우스 오른쪽 버튼을 클릭해서 [복사]를 클릭한다.

```
이 스프라이트가 클릭될 때
색깔 ▼ 효과를 25         복사
                        삭제
                        댓글 추가하기
                        도움말
```

❷ 스크립트 블록이 복사되었다.

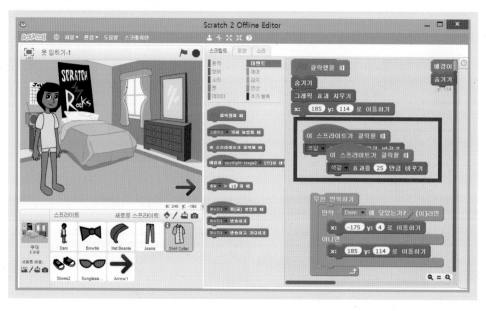

❸ 스크립트 블록을 붙여넣기 할 스프라이트로 이동한다.

이때 주의할 것은 블록의 모양이 [스프라이트 정보창] 영역보다 크기 때문에 드래그
하는 마우스 포인터가 [스프라이트 정보창]에 있는 해당 스프라이트에 닿을 때 '드롭'
시켜야 한다는 것이다.

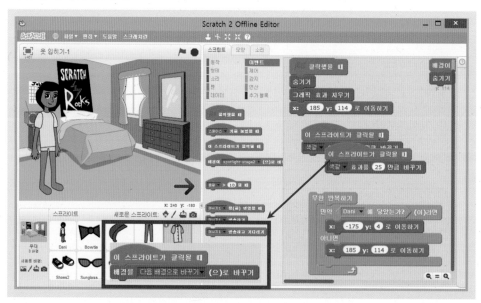

01 Hat Beanie 스크립트 작성

(Bowtie 스크립트 1)과 스크립트가 동일하다

배경이 [metro1 ▼] (으)로 바뀌었을 때
숨기기

배경이 [bedroom2 ▼] (으)로 바뀌었을 때
숨기기

배경이 [spotlight-stage2 ▼] (으)로 바뀌었을 때
보이기

이 스프라이트가 클릭될 때
[색깔 ▼] 효과를 25 만큼 바꾸기

클릭했을 때
숨기기
그래픽 효과 지우기
x: 116 y: 139 로 이동하기 ◀ **Hat beanie 초기위치로 바꿈**

무한 반복하기
　만약 [Dani ▼] 에 닿았는가? (이)라면
　　x: -156 y: 122 로 이동하기 ◀ **Dani의 몸에 닿았을 때의 위치**
　　맨 앞으로 순서 바꾸기
　아니면
　　x: 116 y: 139 로 이동하기 ◀ **Hat beanie 초기위치로 바꿈**

02 Jeans 스크립트 작성

배경이 metro1 ▼ (으)로 바뀌었을 때
숨기기

배경이 bedroom2 ▼ (으)로 바뀌었을 때
숨기기

배경이 spotlight-stage2 ▼ (으)로 바뀌었을 때
보이기

이 스프라이트가 클릭될 때
색깔 ▼ 효과를 25 만큼 바꾸기

▶ 클릭했을 때
숨기기
그래픽 효과 지우기
x: 194 y: 24 로 이동하기 ⟵ Jeans
초기위치로 바꿈

무한 반복하기
　만약 Dani ▼ 에 닿았는가? (이)라면
　　x: -166 y: -63 로 이동하기 ⟵ Dani의 몸에
닿았을 때의 위치
　아니면
　　x: 194 y: 24 로 이동하기 ⟵ Jeans
초기위치로 바꿈

03 ┃ Shirt Collar 스크립트 작성

배경이 metro1 ▼ (으)로 바뀌었을 때
숨기기

배경이 bedroom2 ▼ (으)로 바뀌었을 때
숨기기

배경이 spotlight-stage2 ▼ (으)로 바뀌었을 때
보이기

이 스프라이트가 클릭될 때
색깔 ▼ 효과를 25 만큼 바꾸기

클릭했을 때
숨기기
그래픽 효과 지우기
x: 185 y: 114 로 이동하기 ◄ Shirt Collar
초기위치로 바꿈

무한 반복하기
만약 Dani ▼ 에 닿았는가? (이)라면
x: -175 y: 4 로 이동하기 ◄ Dani의 몸에
닿았을 때의 위치
아니면
x: 185 y: 114 로 이동하기 ◄ Shirt Collar
초기위치로 바꿈

04　Shoes2 스크립트 작성

배경이 metro1 ▼ (으)로 바뀌었을 때
숨기기

배경이 bedroom2 ▼ (으)로 바뀌었을 때
숨기기

배경이 spotlight-stage2 ▼ (으)로 바뀌었을 때
보이기

이 스프라이트가 클릭될 때
색깔 ▼ 효과를 25 만큼 바꾸기

🏴 클릭했을 때
숨기기
그래픽 효과 지우기
x: 196 y: -73 로 이동하기 ◀—— Shoes2 초기위치로 바꿈

무한 반복하기
　만약 Dani ▼ 에 닿았는가? (이)라면
　　x: -155 y: -132 로 이동하기 ◀—— Dani의 몸에 닿았을 때의 위치
　아니면
　　x: 196 y: -73 로 이동하기 ◀—— Shoes2 초기위치로 바꿈

05 Sunglass 스크립트 작성

배경이 metro1 ▼ (으)로 바뀌었을 때
숨기기

배경이 bedroom2 ▼ (으)로 바뀌었을 때
숨기기

배경이 spotlight-stage2 ▼ (으)로 바뀌었을 때
보이기

이 스프라이트가 클릭될 때
색깔 ▼ 효과를 25 만큼 바꾸기

클릭했을 때
숨기기
그래픽 효과 지우기
x: 112 y: 72 로 이동하기

> Sunglass
> 초기위치로 바꿈

무한 반복하기
　만약 Dani ▼ 에 닿았는가? (이)라면
　　x: -157 y: 87 로 이동하기
　아니면
　　x: 112 y: 72 로 이동하기

> Dani의 몸에
> 닿았을 때의 위치

> Sunglass
> 초기위치로 바꿈

학습정리

형태 블록의 종류

Hello! 을(를) 2 초동안 말하기

Hello! 말하기

Hmm... 을(를) 2 초동안 생각하기

1 번째로 물러나기

Hmm... 생각하기

숨기기   보이기

모양을 모양2 ▼ (으)로 바꾸기

다음 모양으로 바꾸기

배경을 배경1 ▼ (으)로 바꾸기

색깔 ▼ 효과를 25 만큼 바꾸기

색깔 ▼ 효과를 25 만큼 바꾸기
색깔
어안 렌즈
소용돌이
픽셀화
모자이크
밝기
반투명

색깔 ▼ 효과를 0 (으)로 정하기

크기를 10 만큼 바꾸기

그래픽 효과 지우기

크기를 100 % 로 정하기

맨 앞으로 순서 바꾸기

배경 이름

모양 #

크기

학습평가

1. 다음 [1번 블록]을 실행시켰을 때와 같은 결과가 나오기 위해서는 [2번 블록]의 빈칸에 어떤 숫자를 입력해야 하는가?

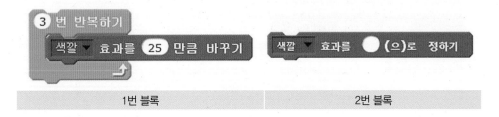

| 1번 블록 | 2번 블록 |

2. 화살표 스프라이트를 클릭하면 다음 배경 장면으로 넘어가도록 하려고 한다. 맞는 스크립트 블록은 무엇인가?

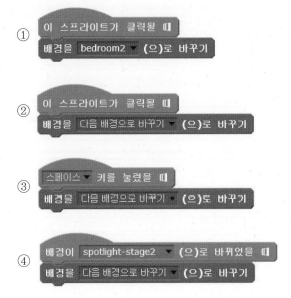

3. 다음 블록에서 이 스프라이트를 마우스로 드래그 하지 않았을 때의 원래 위치 좌표값은 무엇인가?

그래픽 효과
_이미지 에디터 활용하기

학습목표

- 투명, 반투명, 모자이크, 픽셀화 등 다양한 그래픽 효과를 익힐 수 있다
- 이미지 에디터에서 벡터, 비트맵 이미지를 수정 및 제작할 수 있다
- 기본 프로젝트를 업그레이드해서 심화학습을 할 수 있다

코딩 교사 활용 안

보통의 이미지 편집기는 비트맵이나 벡터 한 가지 전용으로만 이미지를 편집하도록 되어 있지만 스크래치 안에 들어 있는 이미지 에디터는 비트맵과 벡터 모드를 서로 전환해가면서 작업을 할 수 있는 장점이 있으므로 모드 별로 있는 각각의 도구 툴을 충분히 익히게 하여 학생들이 비트맵과 벡터의 차이를 정확히 이해하도록 한다.

이미지 에디터를 활용해서 학생들 스스로가 직접 창의적으로 제작한 스프라이트는 반드시 내컴퓨터에 저장해서 언제든지 재사용할 수 있도록 한다.

자신만의 스프라이트 파일을 저장하고 불러오기를 반복하면서 학생들에게 컴퓨터에서 파일과 폴더 다루는 방법을 추가로 학습시킬 수 있다.

---

1. 형태 블록 그래픽 효과 활용하기

1) 다양한 그래픽 효과

형태 블록의 그래픽 효과는 게임 애니메이션을 제작하는데 아주 유용하게 사용되는 기능 중 하나이다.

하나의 블록안에 콤보박스가 있어 여러 효과옵션을 편하게 사용할 수 있다.

그래픽 효과들은 숫자를 이용해서 사용하므로 숫자의 사용 범위나 사용 방법 등을 잘 익혀야 한다.

아래 표에 각각의 효과를 캡쳐한 이미지를 참고하면서 익히면 이해가 쉽다.

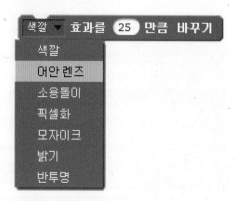

(1) 색깔 효과

색깔 ▼ 효과를 25 만큼 바꾸기

색깔 효과는 −100 부터 100의 숫자 범위 안에서 변경된다.

즉, 숫자를 이용해 단계별로 총 200 단위 만큼의 효과를 나타낼 수 있다.

(2) 어안렌즈 효과

어안 렌즈 ▼ 효과를 25 만큼 바꾸기

어안렌즈 효과는 −100 부터 100의 숫자 범위 안에서 변경된다.

숫자가 음수이면 스프라이트를 오목하게 만들고, 숫자가 양수이면 볼록하게 만든다.

(3) 소용돌이 효과

소용돌이 ▼ 효과를 25 만큼 바꾸기

소용돌이 효과는 −100 부터 100의 숫자 범위 안에서 변경된다.

숫자가 음수이면 스프라이트를 왼쪽 방향으로 소용돌이 모양으로 휘게 하고, 숫자가 양
수이면 오른쪽 방향으로 소용돌이 모양으로 휘게 만든다.

(4) 픽셀화

픽셀화 ▼ 효과를 25 만큼 바꾸기

픽셀화는 0부터 100의 숫자 범위 안에서 변경된다.

픽셀의 숫자가 클수록 픽셀의 크기가 커져서 이미지 확인이 더 어려워진다.

(5) 모자이크 효과

모자이크 ▼ 효과를 25 만큼 바꾸기

모자이크는 0 부터 100의 숫자 범위 안에서 변경된다.

모자이크 효과는 스프라이트를 반복해서 만들어 주는 효과이기 때문에 숫자가 클수록 모
자이크 갯수가 많아져서 더 작은 이미지로 변환된다.

(6) 밝기 효과

밝기 효과는 −100부터 100의 숫자 범위 안에서 변경된다.

숫자가 음수에 가까울수록 명암이 빠지면서 색이 어두워지고 양수에 가까울수록 명암이 많이 들어가 색이 밝아진다.

(7) 반투명 효과

반투명 효과는 0부터 100의 숫자 범위 안에서 변경된다.

숫자가 클수록 투명 효과는 더 좋아져서 숫자가 100이 되면 이미지가 투명해서 보이지 않는다.

▍다양한 그래픽 효과들

효과 이름	(1) 색깔		(2) 어안 렌즈	
범위	−100 ~ 100		−100 ~ 100	
예시값	50	−50	−100	100
결과				

효과 이름	(3) 소용 돌이		(4) 픽셀화	
범위	−100 ~ 100		0 ~ 100	
예시값	−100	100	50	100
결과				

효과 이름	(5) 모자이크		(6) 밝기		(7) 반투명	
범위	0 ~ 100		−100 ~ 100		0 ~ 100	
예시값	20	80	−50	50	40	80
결과						

2) 그래픽 효과 비교 예제

01   어안렌즈와 소용돌이 효과 예제

하나의 스프라이트에 소용돌이 효과와 어안렌즈 효과를 각각 25만큼 씩 바꾸기를 10번 반복 시켰다.

블록의 기능을 실습해보는 예제이기 때문에 아래와 같이 블록을 쌓은 후 스크립트 창에서 코딩한 블록을 클릭하는 것만으로 실행창에서 그 결과를 확인할 수 있다.

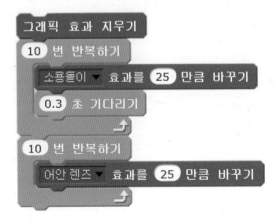

모양바꾸기 블록을 이용해서 하나의 스프라이트가 춤을 추도록 코딩할 수 있다.

❶ [스프라이트 파일 업로드하기]에서 '댄서' 스프라이트를 추가한 후 [모양 추가]하기에
   서 다른 모양의 댄서 스프라이트들도 추가한다.

   *스프라이트 파일은 교재에서 제공하는 웹하드에서 다운받는다.

❷ [소리]카테고리에서 [(팝) 재생하기] 블록을 이용하여 댄스 음악을 추가한 후 아래와
   같이 블록을 코딩한다.

   계속 춤을 추게 하기 위해 [무한 반복하기]를 사용한다.

   춤 동작이 너무 빠르게 지나가지 않도록 [(…)초 기다리기] 블록을 이용했다.

❸ 댄스 프로젝트 동영상 만들기

[파일] - [프로젝트 비디오 녹화하기]에서 댄스.flv 파일로 저장한다

2. 이미지에디터 활용하기

이미지에디터는 [모양] 탭을 클릭하면 나타난다.

스크래치로 애니메이션 코딩을 할 때 스프라이트나 무대 배경을 저장소에서 가져와 사용하는 것은 창의력에 한계가 있을 수 있다. 학생들 간에 같은 배경, 같은 스프라이트 들로 인해서 자신들만의 독특한 프로그램을 만들기는 쉽지 않다.

좀더 블록 코딩의 창의력을 높이고 독특한 게임 작성을 위해서 스크래치에서 제공하는 이미지 에디터에서 이미지를 직접 자신이 새로 제작하거나 프로젝트에서 필요한 텍스트는 이미지 에디터에서 제작해서 사용한다.

이미지 에디터를 사용하는 방법에는 두 가지 모드가 있다.

비트맵 모드와 벡터 모드이다.

비트맵 모드와 벡터 모드 각각에서 사용하는 툴 방식이 다르므로 비트맵과 벡터의 차이를 잘 알고 목적에 맞게 사용해야 한다.

1) 비트맵과 벡터의 차이

▨ 비트맵은

픽셀 단위로 그림을 그린다

그림의 외곽선이 부드럽지 않을 수 있다

비트맵 그림은 쉽게 수정 할 수가 없다

▨ 벡터는

벡터는 점과 점 사이의 거리를 방정식으로 계산하여 그린다

그림의 외곽선이 부드럽다

베지어 곡선을 이용해 쉽게 수정이 가능하다

▌비트맵과 벡터의 비교

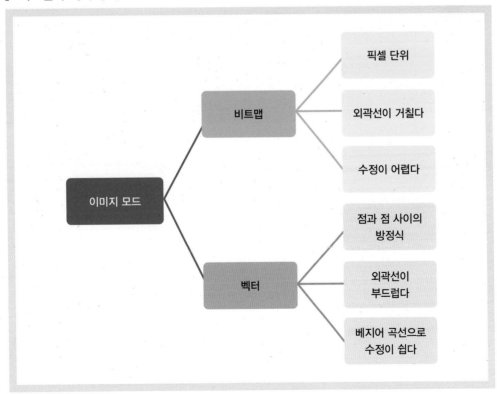

2) 이미지에디터 사용하기

이미지에디터는 스크래치 프로그램에서 제공하는 이미지를 편집할 수 있는 저작도구이다. 이미지에디터는 비트맵 모드와 벡터 모드로 구분해서 편집할 수 있다.

(1) 비트맵 모드 툴박스

팔레트	툴 명	설명
	붓	자유롭게 선을 그린다
	선	선을 그린다
	사각형	사각형을 그린다
	타원	원을 그린다
	텍스트	텍스트를 입력한다
	색칠하기	폐곡선을 칠한다
	지우개	원하는 부분을 지운다
	선택하기	원하는 부분만 선택한 후 삭제나 복사, 크기 수정 등을 한다
	배경지우기	이미지 배경을 지운다
	선택복사	영역 선택해서 복사한다

(2) 비트맵 모드에서 그리기

 원형 그리기

일반적으로 비트맵에서 사각형이나 원형같은 도형을 그릴 때는 항상 도형 모양〉 선 굵기〉 색상 등을 순서대로 선택한 후 그리는 것이 좋다.

❶ [원]을 선택한다.

❷ 외곽선의 굵기를 선택한다.

❸ 색상을 선택한다.

  색상을 선택할 때 스포이드 도구를 사용하여 원하는 색상을 택할 수도 있다.

❹ 도형 채우기 없이 외곽선만 그리거나 도형에 색 채우기를 선택한다.

❺ 외곽선만 선택해서 그린다.

❻ 도형 채우기를 선택한 후 그린다.

❼ 원을 그릴 때 Shift키를 동시에 누르면 정원을 그릴 수 있다.

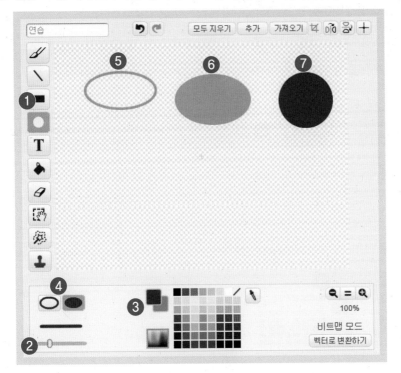

활용 tip

색상 선택하기

색상 선택하기 에서 앞쪽 보라색 부분을 전경색이라 하고 뒤쪽 초록색 부분을 배경색 이라 일컫는다.

전경색은 주로 칠하기에서 선택하는 색상이고 배경색은 그라데이션으로 이중색을 사용하는 경우에 사용된다.

T 텍스트 입력하기

❶ 텍스트 도구를 선택한다.

❷ 폰트를 선택한다.

❸ 색상을 선택한다.

❹ 텍스트의 크기는 먼저 내용을 입력한 후 나중에 크기를 조절한다.

비트맵 모드에서 텍스트가 완성이 된 후에는 색상이나 폰트를 변경할 수가 없으니 텍스트를 완성하기 전에 변경해야하는 불편함이 있다.

텍스트 입력은 비트맵보다는 벡터 모드에서 더 편리하게 작성 및 수정이 가능하다.

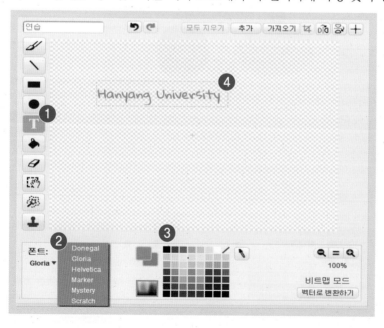

색칠하기

칠하기 도구는 한번의 클릭으로 하나의 폐곡선을 칠한다.

폐곡선이란 끊어지지 않고 선이 하나로 연결되어 이루는 도형이다.

❶ 칠하기 도구를 선택한다.

❷ 색칠하기는 세로, 가로, 원형 형태의 그라데이션등으로 선택해서 칠할 수 있다.

❸ 아래 그림에서 보면 핑크색으로 칠해진 부분이 원 클릭으로 칠해진 폐곡선 부분이다.

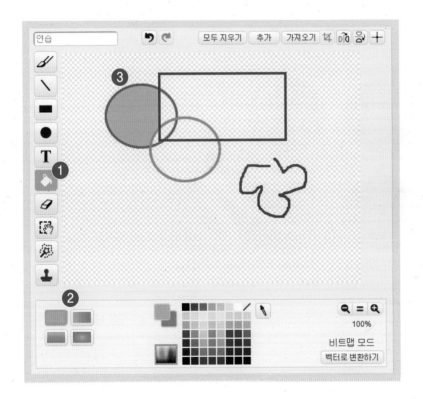

지우개

지우개의 크기는 브러시의 굵기로 정한다.

❶ 지우개 툴을 선택한다.

❷ 브러시의 굵기를 슬라이드 바로 움직이면서 정한다.

❸ 마우스를 클릭한 채로 드래그하면서 지운다.

❹ 전체를 모두 지우고 싶으면 상단 메뉴의 [모두 지우기]를 클릭한다.

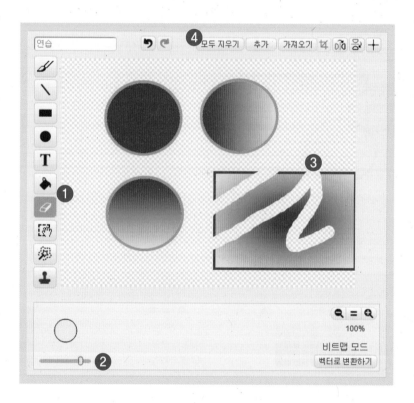

선택하기

마우스로 드래그하면서 일정부분을 선택할 수 있다.

[선택하기]는 복사, 삭제 등의 기능과 함께 사용된다.

즉, 원하는 영역을 드래그해서 선택하기를 한 후 Ctrl+V를 누르면 선택한 부분만 복사된다.

선택하기를 한 후 [delete] 키를 누르면 삭제가 된다.

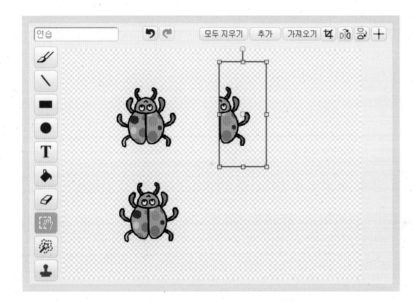

영역 선택 후 복사하기

[복사하기] 툴을 선택한 후 이미지 주위를 드래그 하면 자동으로 [선택하기] 도구로 셀렉트가 이동한다.

복사하기 툴을 드래그하는 순간 이미 복사가 된 상태이므로 바로 붙여넣기 할 수 있다.

따라서 🔲 와 🔲 는 기능상 큰 차이는 없다.

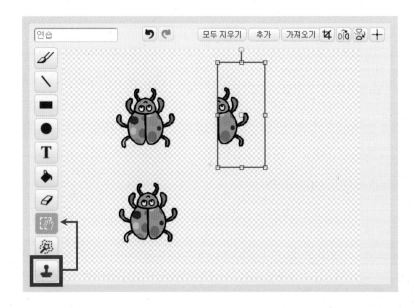

(3) 벡터모드 툴박스

벡터에서 사용할 수 있는 도구들은 아래 표와 같다.

벡터 모드로 전환하기 위해서는 화면 오른쪽 아래 [벡터로 전환] 버튼을 클릭하면 된다.

벡터 도구들의 사용방식도 비트맵 도구와 크게 다르지는 않지만 비트맵에 없는 벡터에서만 사용하는 도구들이 있다.

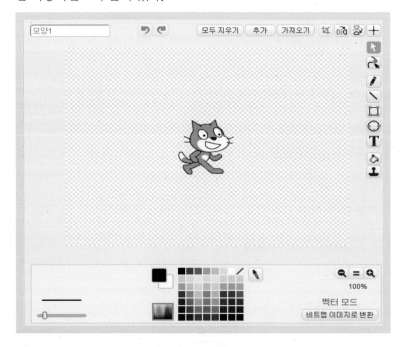

벡터 도구	도구 명	설명
▲	선택하기	클릭하거나 드래그하면서 스프라이트를 선택한다. 선택한 후 복사나 삭제가 가능하다.
↰	형태고치기	클릭하면 여러 개의 점이 생겨 드래그하면서 형태를 바꿀 수 있다.
✏	펜	자유롭게 그림을 그릴 수 있다.
＼	선	선을 그릴 수 있다.
▢	사각형	사각형을 그릴 수 있다. (Shift 키를 동시에 누르면 정사각형이 된다).
◯	타원	원을 그릴 수 있다. (Shift 키를 동시에 누르면 정원이 된다)
T	텍스트	텍스트를 입력할 수 있다.
◇	색칠하기	클릭하면서 색상을 바꿀 수 있다.
⬇	복사하기	클릭하면 바로 복사되어 모양이 하나더 생성된다.

(4) 벡터모드에서 그리기

 사각형 그리기

❶ [사각형] 도구를 선택한다.

❷ 드래그해서 사각형을 그린다.

❸ 사각형을 그린 후 색상이나 선의 굵기를 변경할 수 있다 (비트맵과 순서가 반대이다. 비트맵은 먼저 선의 굵기나 색상을 선택한 후 그려야 한다. 비트맵에서는 한번 도형이 그려지면 선이나 색상을 바꿀 수 없는 반면, 벡터 모드에서는 쉽게 수정이 가능하다)

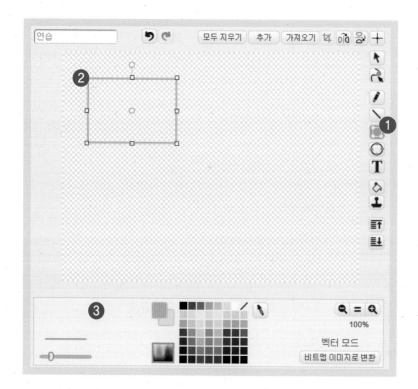

형태 고치기

[형태 고치기] 도구는 벡터만의 전형적인 도구이다. 이 도구를 잘 익히면 벡터에서 그림 그리기가 즐거워진다.

❶ 도형을 선택한 후 [형태 고치기] 도구를 선택한다.
❷ 도형에 4군데 점이 생긴다.
❸ 선과 점을 클릭 & 드래그하면서 모양을 마음대로 변형시킨다.

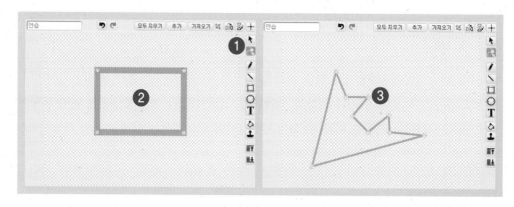

텍스트 입력하기

벡터에서 텍스트 입력은 비트맵에 비해 아주 쉽다.

일단 먼저 텍스트를 입력한 후 폰트나 색상, 사이즈 등을 나중에 얼마든지 수정할 수 있기 때문이다.

텍스트를 수정할 때는 [텍스트]버튼 [T] 을 클릭한 후 내용을 수정하고 사이즈나 색상을 수정할 때는 [선택하기]버튼 [↖] 을 선택한 후 수정한다.

(5) 도형 중심점 잡기

게임이나 애니메이션에서는 도형을 회전시키는 일이 많이 있다.

도형을 회전시킬 때는 반드시 도형의 중심점을 정확히 해야 한다.

도형을 각도로 회전시킬 때 중심점이 다르면 원하는 회전 모양이 안 나오기 때문이다.

아래 이미지를 보면 회전의 중심점이 다르기 때문에 회전을 시키면 다른 모양이 나온다.

회전하기 뿐만 아니라 좌표값으로 움직이게 하는 경우에도 좌표값을 인식하는 시작점은 도형이나 스프라이트의 중심점이기 때문에 '중심점 잡기'는 아주 중요하다.

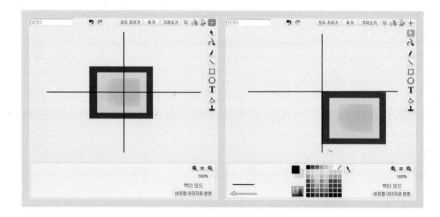

오른쪽 십자 모양을 선택한 후 도형의 중심이 되는 곳을 클릭하면 된다.

3) 스프라이트 파일 내컴퓨터에 저장하기

이미지에디터에서 그린 도형이나 스프라이트를 다음에 재사용하기 위해서 파일로 저장할 수 있다.

❶ 이미지에디터에서 그림을 그린다.

❷ 스프라이트 정보창에 스프라이트가 등록되어 있다.

❸ 해당 스프라이트를 선택 후 오른쪽 마우스를 클릭해서 [내 컴퓨터에 저장하기] 를 선택한다.

　파일 이름만 정하면 자동으로 "스프라이트이름.sprite2"로 포맷이 정해진다.

　저장된 스프라이트는 [스프라이트 파일 업로드]에서 불러올 수 있다.

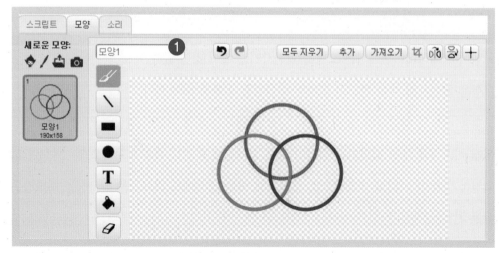

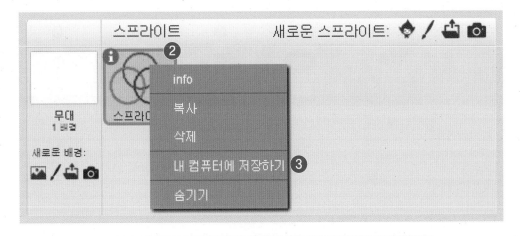

> **파일 명 : 스프라이트이름.sprite2**

3. 패션 게임 프로젝트 업그레이드

5차시에서 작성한 패션 게임 프로젝트에서 몇 가지 보완할 점과 좀더 세련된 게임을 위해 추가할 점들을 정리했다. 게임 업그레이드 포인트들을 해결하면서 형태블록의 더 많은 기능들을 익힐 수 있다.

📝 패션 게임 업그레이드 스토리보드

❶ [장면 2]에서 Dani 가 4초 동안 오른쪽 바깥 끝으로 이동

❷ [장면 3]에서 스테이지 가운데로 이동한 후 말을 함

❸ [장면 3]에서 Bowtie가 항상 위에 오도록 함

❹ [장면 3]에서 Sunglasses 를 썼을 때 "멋져~~멋져!" 생각하기

❺ Dani 의 처음 위치를 장면마다 고정

❻ [장면 3]에서 화살표 버튼 삭제

❶	❷	❸	❹	❺	❻
Dani가 Metro1에서 4초 동안 오른쪽 바깥 끝으로 이동	스테이지 가운데로 이동한 후 말을 함	Bowtie가 항상 위에 오도록 함	Sunglasses를 썼을 때 "멋져~~멋져!" 생각하기	Dani의 처음 위치를 배경마다 고정	화살표 버튼 삭제

1) [장면 2]에서 Dani가 4초 동안 오른쪽 바깥 끝으로 이동

Dani가 [장면 2] Metro1에서 실제로 움직임을 갖도록 하기 위해서 오른쪽으로 걸어가도록 한다.

그러기 위해서는 코딩이 아래와 같이 바뀌어야 한다.

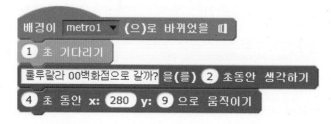

2) [장면 3]에서 스테이지 가운데로 이동한 후 말을 함

[장면 3]에서 Dani가 옷을 입기 위해 무대 가운데로 이동한 후 말을 하도록 한다.

배경이 spotlight-stage2 ▼ (으)로 바뀌었을 때

x: -162 y: 9 로 이동하기

1 초 기다리기

1 초 동안 x: -3 y: 9 으로 움직이기

마우스로 클릭하면 색상이 변경되고 드래그를 하면 옷을 입힐 수 있어 을(를) 5 초동안 말하기

3) [장면 3]에서 Bowtie가 항상 위에 오도록 함

[장면 3]에서 옷을 드래그할 때 Bowtie를 먼저 입히고 셔츠를 나중에 입히면 Bowtie가 셔츠 안에 들어가는 경우가 생길 수 있다.

이런 상황을 방지하기 위해서 Bowtie는 항상 위에 위치하도록 해야 한다.

4) [장면 3]에서 Sunglasses를 썼을 때 "멋져~~멋져!" 생각하기

게임의 묘미를 더하기 위해서 선글라스를 썼을 때 "멋져~~멋져!" 멘트를 추가한다.

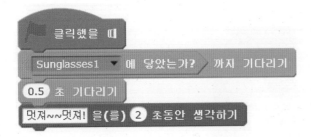

5) Dani의 처음 위치를 장면마다 고정시킨다.

게임을 업그레이드 시키면서 Dani가 제 위치에 있지 않고 이동을 하기 때문에 장면이 바뀔 때마다 시작하는 위치를 왼쪽에 있도록 고정시켜줘야 한다.

* 장면 1에서는 움직임이 없기 때문에 장면 2에서 위치초기화는 필요없다.

6) [장면 3]에서 화살표 버튼 삭제

장면을 전환시킬 때 사용하던 '화살표' 버튼이 [장면 3]에도 있으면 거기서 화살표 버튼을 누르면 다시 [장면 1] 배경으로 넘어가기 때문에 [장면 3]에 있는 '화살표' 버튼을 삭제해야 게임의 마지막 장면임을 알 수 있다.

학습정리

1. 비트맵과 벡터

   • 비트맵 모드와 벡터 모드를 구별해서 사용한다

   • 비트맵은 픽셀 단위로 그림의 외곽선이 부드럽지 않을 수 있다

   • 비트맵에서 그린 그림은 수정 할 수 가 없다

   • 벡터 모드는 점과 점 사이의 선을 수학 방정식을 계산하는 방식으로 그리기 때문에 외곽선이 부드럽다

   • 벡터는 점 편집을 할 수 있고 선을 자유자재로 변경할 수 있어 디테일한 이미지를 만들 수 있다

2. 스프라이트 파일 내컴퓨터에 저장하기

   • 이미지에디터에서 작성한 스프라이트를 파일로 내컴퓨터에 저장할 수 있다

   • 스프라이트이름.sprite2 형식으로 저장된다

학습평가

1. 다음 이미지 에디터 툴 중에서 비트맵 모드 전용이면 **"비"** 벡터 모드 전용이면 **"벡"** 그리고 비트맵과 벡터 공통으로 사용되는 툴이면 **"공"**이라고 쓰시오

①   ②   ③

④   ⑤   ⑥

2. 이미지 에디터에서 모드 편집의 특징이 다른 하나는 무엇인가?

   ① 클릭하면서 모양을 다양하게 변경할 수 있다

   ② 이미지 사이즈를 크게 확대해도 이미지 해상도는 변화가 없다

   ③ 그림을 완성한 후에는 그림의 모양을 자유롭게 변경할 수 없다

   ④ 외각선이 부드럽게 그려진다

3. 다음 중 비트맵 모드에서 텍스트를 작성하는 방법이 맞지 않은 것은 무엇인가?

   ① 스크래치에서 제공되고 있는 폰트는 6가지이다

   ② 영문, 국문이 모두 작성 가능하다

   ③ 작업 영역 빈 공간을 클릭한 후 커서가 깜빡이고 있을 때 텍스트를 입력한다

   ④ 한 번 작성한 텍스트는 변경할 수 없다

정답

1. ①–비, ②–비, ③–공, ④–벡, ⑤–비, 6–공   2. ③   3. ②

강아지 훈련시키기
_이벤트 블록

학습목차

1. 이벤트 블록 활용하기
2. 강아지 훈련 시키기 프로젝트
3. 숫자키 테트리스 게임

학습목표

- 이벤트 블록을 활용하여 특정한 사건에 동작이 발생할 수 있도록 할 수 있다
- 새 메시지를 방송하고 메시지를 전달받으면서 동작을 실행시킬 수 있다
- 숫자를 연결시키면서 블록을 쌓는 게임을 작성할 수 있다

1. 이벤트 블록 활용하기

1) 이벤트 블록의 종류

이벤트 블록의 종류	블록의 의미
클릭했을 때	프로젝트를 처음부터 시작하도록 한다
이 스프라이트가 클릭될 때	이 스프라이트를 클릭했을 때 이벤트를 일으키게 한다
배경이 배경1 (으)로 바뀌었을 때	배경이 여러 개일 때 배경 전환이 되었을 때 이벤트를 일으키게 한다
배경을 클릭했을 때	배경을 클릭해서 이벤트를 발생시킬 수 있다
메시지1 방송하기	새로운 메시지를 만들고 메시지를 전달하면서 이벤트 발생을 유발시킬 수 있다
메시지1 을(를) 받았을 때	메시지를 전달받아 이벤트를 발생시킨다

이벤트 블록의 종류	블록의 의미
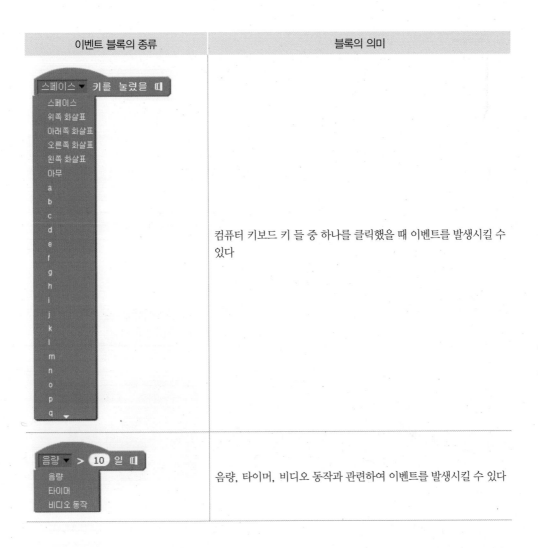	컴퓨터 키보드 키 들 중 하나를 클릭했을 때 이벤트를 발생시킬 수 있다
	음량, 타이머, 비디오 동작과 관련하여 이벤트를 발생시킬 수 있다

2) [(메시지) 방송하기] 블록 활용

[(메시지) 방송하기]와 [(메시지)를 받았을 때] 두 개의 블록은 항상 같이 사용되어야 이벤트가 발생된다.

가령, 이 두 개의 블록은 항상 짝으로 같이 사용되어야 한다.

(1) 새 메시지 작성하기/(방송하기)

❶ 새 메시지를 클릭한다

❷ 메시지 창에서 원하는 메시지를 입력한다

❸ [(춤을 춰) 방송하기] 블록이 생성된다

(2) 메시지를 받았을 때

❶ [(춤을 춰)방송하기]

❷ [(춤을 춰)를 받았을 때]

　　위에서 [(춤을 춰) 방송하기]가 실행이 되면
　　[(춤을 춰)를 받았을 때] 이벤트 블록이 호출되어
　　그 아래 블록들을 실행한다

2. 강아지 훈련 시키기 프로젝트

1) 전체 스토리보드

소년이 강아지에게 "앉아", "일어서", "점프" 등을 말한다

이 말을 듣고 강아지가 그대로 행동한다

2) 스프라이트 및 배경 추가

[저장소]에서 'Dog2', 'AZ Hip-Hop' 스프라이트를 추가한다

[저장소]에서 blue-sky 배경을 추가한다

3) 'AZ Hip-Hop' 스크립트1_방송 하기

❶ [위쪽 화살표]를 클릭했을 때

　• [(일어서) 방송하기]

❷ [아래쪽 화살표]를 클릭했을 때

　• [(앉아) 방송하기]

❸ [스페이스]키를 눌렀을 때

　• [(점프) 방송하기]

4) 'AZ Hip-Hop' 스크립트2_말하기

사용자가 위쪽 화살표키를 누르면 이 동작을 받아서 [(일어서)를 받았을 때]가 실행되어 소년이 먼저 말을 한다.

❶ [일어서]를 받았을 때

　• [(일어서)를 (2)초 동안 말하기]

❷ [앉아]를 받았을 때

• [(앉아)를 (2)초 동안 말하기]

❸ [점프]를 받았을 때

• [(점프)를 (2)초 동안 말하기]

5) 'AZ Hip-Hop' 전체 스크립트

아래 전체 스크립트를 보면 [(메시지) 방송하기] 와 [(메시지)를 받았을 때] 두 개의 블록
이 짝으로 있는 것을 볼 수 있다.

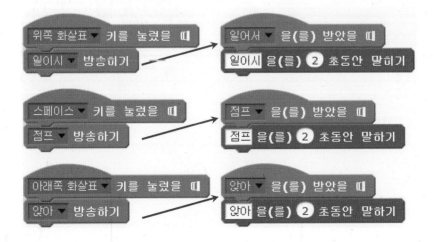

6) 'Dog2' 스크립트1 _ 방송 받기

화살표 키가 눌려져서 [(메시지) 방송하기]가 실행되면 먼저 소년의 [(메시지)를 받았을 때]가 실행되고 그 다음에 시간 간격을 두고 강아지의 [(메시지)를 받았을 때]가 실행된다.

그러기 위해서 [(1)초 기다리기] 블록을 이용한다.

강아지 스프라이트를 선택한 후 이미지에디터에서 모양을 Dog2-a는 서 있는 자세, Dog2-b는 앉아있는 자세, Dog2-c는 점프자세로 만든다.

❶ [일어서]를 받았을 때

　• 모양을 Dog2-a로 바꾸기

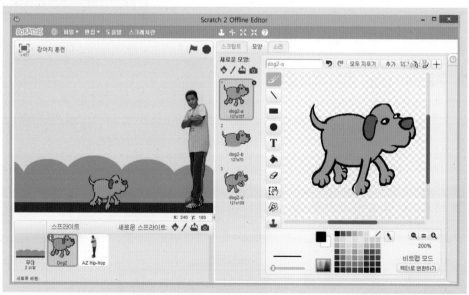

❷ [앉아]를 받았을 때

• 모양을 Dog2-b로 바꾸기

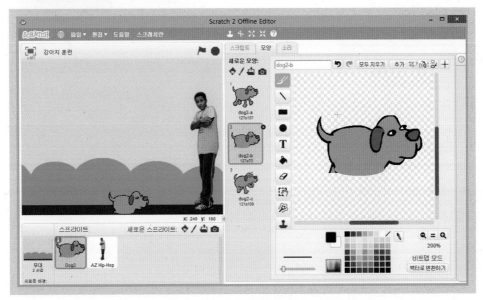

❸ [점프]를 받았을 때

강아지가 점프를 하는 모습을 반복문으로 사용했다. 몇 번 반복을 해야 하는지는 블록을 실행시켜보고 횟수와 각도로 속도를 조절하면 된다.

360도 회전을 해야 하므로 각도*횟수=360이 되는 숫자 조합을 맞춰야 한다.

[(0.2)초 기다리기]는 회전이 너무 빠르게 지나가므로 조금 느린 속도로 회전을 시키기 위함이다.

강아지 모양을 Dog2-a로 바꾸는 이유는 만일 "앉아" 상태에서 바로 "점프"를 할 경우 강아지 두 발이 없는 상태로 될 수 있어 항상 두 발이 있는 상태로 회전하도록 하기 위함이다. (강아지를 훈련시키는 순서는 정하지 않았고 사용자가 어떤 키를 먼저 누르느냐에 달려 있기 때문이다.)

• 모양을 Dog2-a 로 바꾸기

• 45도회전을 8번 반복하기

점프 을(를) 받았을 때
0.5 초 기다리기
모양을 dog2-a (으)로 바꾸기
8 번 반복하기
45 도 돌기
0.2 초 기다리기

7) 'Dog2' 스크립트2 _ 위치 초기화

강아지가 위치 이동이 있을 수 있으므로 게임이 시작되면 초기 위치로 다시 돌아오도록 해야 한다.

• 움직이는 강아지의 위치 초기화

• [(90)도 방향 보기] 로 방향 초기화

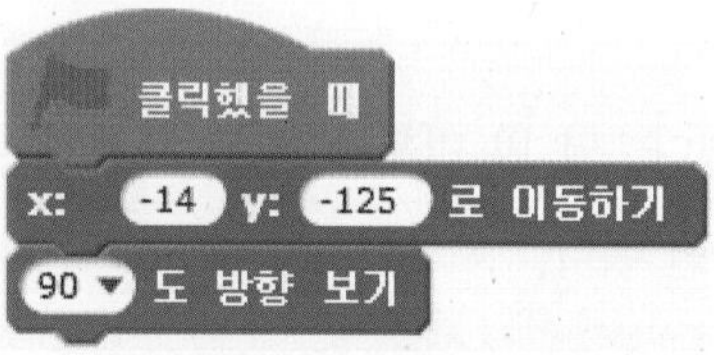
클릭했을 때
x: -14 y: -125 로 이동하기
90 도 방향 보기

3. 숫자키 테트리스 게임

1) 전체 스토리보드

- 이미지 에디터에서 3개의 사각형 블록에 숫자를 입력하여 블록 스프라이트를 만든다
- 키보드 키를 이용하여 상, 하, 좌, 우, 회전을 시킨다
- 숫자 키 블록을 원하는 위치에 고정시키게 되면 다시 새로운 블록이 나타나야 한다
- 게임의 룰을 정해 게임을 시작한다
  (예: 같은 숫자가 두 번 연속되도록 쌓기)

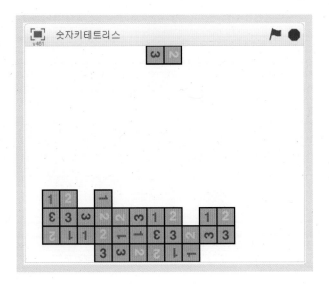

2) 스프라이트 만들기

[이미지 에디터]에서 다음과 같은 사각형 블록을 그리고 숫자를 입력한다.

가운데 중심잡기를 클릭해서 회전의 중심을 잡아준다.

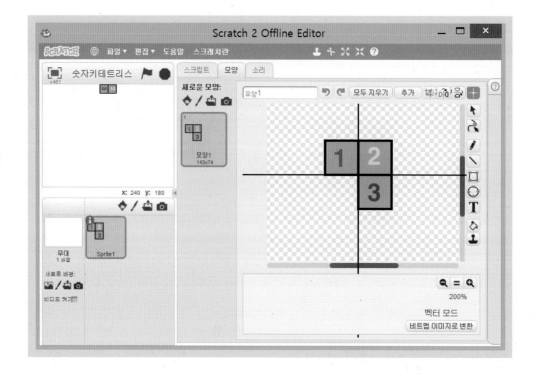

3) 테트리스 숫자 블록 이동하기

키보드의 2, 4, 6, 8 키를 클릭하여 블록을 이동시킨다.

[(스페이스)키를 눌렀을 때] 이벤트블록을 이용하여 각각의 해당 키로 바꿔준다.

숫자키	사용 블록	이동
2	[y 좌표를 (−10)만큼 바꾸기]	아래로 이동
4	[x 좌표를 (−10)만큼 바꾸기]	왼쪽으로 이동
6	[x 좌표를 (10)만큼 바꾸기]	오른쪽으로 이동
8	[y 좌표를 (10)만큼 바꾸기]	위로 이동

4) 테트리스 숫자 블록 회전하기

키보드의 z 키를 클릭하여 90도 회전시킨다.

게임이므로 회전은 반복시키지 않고 z키를 한 번 누를 때만 한 번씩 회전한다.

5) 새로운 테트리스 숫자 블록 생성하기

숫자 키보드의 '5' 키를 클릭하면 그 위치에서 자신은 복제되고 다시 초기 위치에서 새로운 숫자 블록이 나타난다.

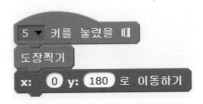

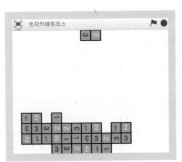

6) 테트리스 블록 초기화 시키기

게임이 시작되면 쌓였던 블록(복제된 블록)을 모두 지워야 하므로 [지우기] 펜블록을 사용한다.

다시 블록이 나타나야 나타나두록 하기 위해 [숨기기], [보이기] 블록을 사용했다.

7) 숫자키 테트리스 게임 전체 스크립트 보기

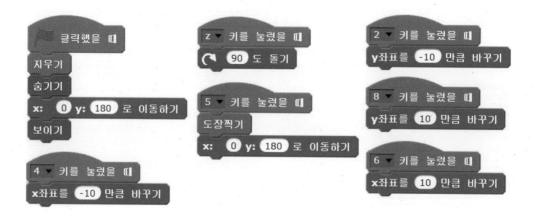

학습정리

이벤트 블록은 프로그램을 실행시키거나 스프라이트를 클릭했을 때 이벤트를 일으키도록 하는 스크립트 블록이다.

[(메시지) 방송하기] 블록은 스크래치 프로젝트에서 유용하면서도 아주 많이 사용되는 블록이다.

[(메시지) 방송하기] 블록이 실행되면 연달아서 소년 스프라이트와 강아지 스프라이트에서 [(메시지)를 받았을 때] 블록들이 동시에 실행이 된다.

1. 이벤트 블록의 중요 블록

이벤트 블록의 종류	블록의 의미
클릭했을 때	전체 프로젝트를 처음부터 실행
배경이 배경1 ▼ (으)로 바뀌었을 때 배경1 blue sky	배경이 바뀌었을 때 이벤트 실행
메시지1 ▼ 방송하기 메시지1 새 메시지...	이벤트 호출을 위한 메시지를 방송하기
메시지1 ▼ 을(를) 받았을 때 메시지1 새 메시지...	메시지 받았을 때 이벤트 실행하기

2. [(메시지) 방송하기], [(메시지)를 받았을 때]

사용자	소년	강아지
위쪽 화살표 ▼ 키를 눌렀을 때 일어서 ▼ 방송하기	일어서 ▼ 을(를) 받았을 때 일어서 을(를) ② 초동안 말하기	일어서 ▼ 을(를) 받았을 때 ① 초 기다리기 모양을 dog2-a ▼ (으)로 바꾸기
아래쪽 화살표 ▼ 키를 눌렀을 때 앉아 ▼ 방송하기	앉아 ▼ 을(를) 받았을 때 앉아 을(를) ② 초동안 말하기	앉아 ▼ 을(를) 받았을 때 ① 초 기다리기 모양을 dog2-b ▼ (으)로 바꾸기
스페이스 ▼ 키를 눌렀을 때 점프 ▼ 방송하기	점프 ▼ 을(를) 받았을 때 점프 을(를) ② 초동안 말하기	점프 ▼ 을(를) 받았을 때 점프 을(를) ② 초동안 말하기

학습평가

1. 아래 블록 중 두 개를 골라 실행을 시키려고 한다. 맞게 짝지어 진 것은 무엇인가?

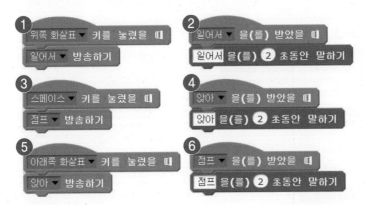

① 1 - 2

② 2 - 3

③ 3 - 4

④ 4 - 5

2. 다음 중 이벤트 블록에 해당하지 않는 것은 무엇인가?

① 이 스프라이트가 클릭될 때

② 난색 사과 면준 ▼ 을(를) 받았을 때

③ 복제되었을 때

④ 스페이스 ▼ 키를 눌렀을 때

3. 다음 블록들 중에서 배경이 바뀌면 실행되도록 하는 이벤트 블록 조합은 무엇인가?

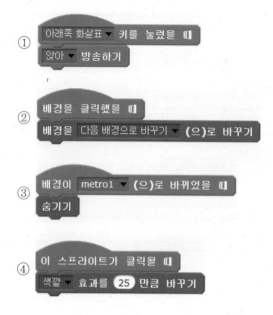

① 아래쪽 화살표 ▼ 키를 눌렀을 때
   앉아 ▼ 방송하기

② 배경을 클릭했을 때
   배경을 다음 배경으로 바꾸기 ▼ (으)로 바꾸기

③ 배경이 metro1 ▼ (으)로 바뀌었을 때
   숨기기

④ 이 스프라이트가 클릭될 때
   색깔 ▼ 효과를 25 만큼 바꾸기

정답

1. ①   2. ③   3. ③

스크래치 프로그래밍
자가 평가 문제

1. 스크래치에서 스프라이트를 사용하는 방법에 대한 설명이 틀린 것은 무엇인가?

① 한 무대에서 여러 개의 스프라이트를 추가할 수 있다

② 하나의 스프라이트에 여러 개의 모양을 추가 할 수 있다

③ 스프라이트는 '무대'위에서 움직일 수 있는 객체를 말한다

④ 스프라이트의 크기는 무대에서만 설정할 수 있다

정답 ④

해설 스프라이트의 크기는 형태블록에서도 변경할 수 있다

2. 아래 보기 중 스크래치 에디터 인터페이스에 대한 설명이 바르지 못한 것은 무엇인가?

① 프로젝트를 무대만 모니터 화면으로 볼 수 있도록 하는 기능이 있다

② 현재 마우스의 위치를 알려주는 좌표값을 표시해 준다

③ 하나의 무대에 하나의 배경을 정할 수 있다

④ 저장소에서 추가한 배경이라도 수정이 가능하다

정답 ③

해설 무대는 하나이지만 하나의 무대에 여러 개의 배경을 추가할 수 있다

3. 아래 블록들 중에서 다른 조건문 블록의 조건으로 들어갈 수 있는 블록은 무엇인가?

---

① [90 ▼ 도 방향 보기]

② [마우스 포인터 ▼ 에 닿았는가?]

③ [x좌표를 10 만큼 바꾸기]

④ [모양을 모양2 ▼ (으)로 바꾸기]

> **정답** ②
>
> **해설** 육각형 블록은 제어블록의 조건블록으로 결합된다

4. 아래 그림처럼 만일 고양이 스프라이트가 오른쪽을 보고 있다가 한 번에 바로 왼쪽을 향하게 되었다. 방법에 대한 설명이 잘 된 것은 무엇인가?

① [(−90도) 방향보기] 블록이 실행되었다
② 스프라이트 정보창에서 '회전방식'이 '회전하기'로 되어 있었다
③ 스프라이트의 좌표값을 정해주었다
④ 스프라이트의 위치값을 정해주었다

> **정답** ①
>
> **해설** 스프라이트의 회전방식은 '좌우회전'으로 되어 있어야 한다

5. 게임을 하면서 [(Paddle)에 닿았는가] 조건을 계속적으로 체크를 하려고 한다.
아래 그림 예시에 있는 블록이 오류 없이 실행되기 위해서 꼭 필요한 블록은 무엇
인가?

[예시]

① 클릭했을 때

② 무한 반복하기

③ 메시지1 ▼ 방송하기

④ 까지 반복하기

정답   ②

해설   조건은 계속 체크를 해야 하기 때문에 [무한 반복문]을 함께 사용해야 한다

6. 스크래치의 이미지에디터에서 할 수 있는 일에 대한 설명이 바르지 않은 것은 무엇인가?

① 스프라이트의 색상을 변경할 수 있다

② 스프라이트의 모양을 변경할 수 있다

③ 배경의 색상을 변경할 수 있다

④ 한 번 입력한 글자는 수정할 수 없다.

정답 ④

해설 벡터 텍스트 도구로 입력한 글자는 수정이 가능하다

7. 다음 블록들 중 반복문과 함께 사용할 때 변화가 누적되어 계속 나타나는 것은 무엇인가?

① 크기를 100 % 로 정하기

② 크기를 10 만큼 바꾸기

③ 모양을 모양2 ▼ (으)로 바꾸기

④ 배경을 배경1 ▼ (으)로 바꾸기

정답 ②

해설 반복 횟수만큼 크기가 계속 10만큼씩 커진다.

8. 아래 결합 블록들 중에서 실행창의 🚩을 클릭했을 때 변화가 일어나는 블록은 무엇인가?

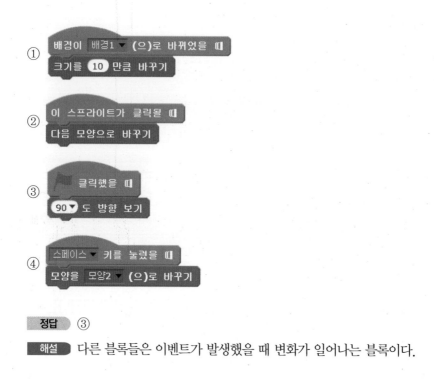

정답 ③

해설 다른 블록들은 이벤트가 발생했을 때 변화가 일어나는 블록이다.

9. 보기에 있는 블록 사용법에 대한 설명이 바르지 못한 것은 무엇인가?

[보기]

① 키보드의 스페이스 키를 눌렀을 때 이벤트를 발생시키는 블록이다

② 스페이스 키를 다른 알파벳 버튼으로 바꿔 사용할 수도 있다

③ 이 블록 위로는 다른 블록을 결합 시킬 수 없다

④ 스페이스 키를 숫자 키로 바꿀 수는 없다

정답 ④

해설 스페이스 키 대신 알파벳, 숫자, 화살표 키 등으로 변경해 사용할 수 있다

10. 아래 블록 쌓기 게임에서 'a'키를 눌렀을 때 자신을 복제해놓고 위치로 이동하게
하려고 한다. 블록 가운데 빈 칸에 어떤 블록이 필요한가?

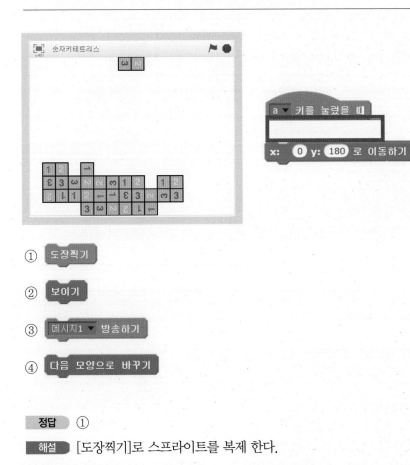

① 도장찍기

② 보이기

③ 메시지1 ▼ 방송하기

④ 다음 모양으로 바꾸기

정답 ①

해설 [도장찍기]로 스프라이트를 복제 한다.

축구공 게임
_튜토리얼 활용

학습목표

• 스크래치에서 제공하는 튜토리얼을 활용할 수 있다

• 한국어로 제작된 튜토리얼을 활용하여 프로그래밍을 할 수 있다

• 그룹 활동 카드를 활용할 수 있다

1. 스크래치 튜토리얼 활용하기

1) 튜토리얼 찾아보기

☑️ 스크래치 웹사이트(http://scratch.mit.edu)에 가면 교육자들을 위한 코너가 따로 있다. 스크래치를 가르치는 교육자들을 위해 다양한 튜토리얼과 가이드북, 코딩 카드등을 제공한다.

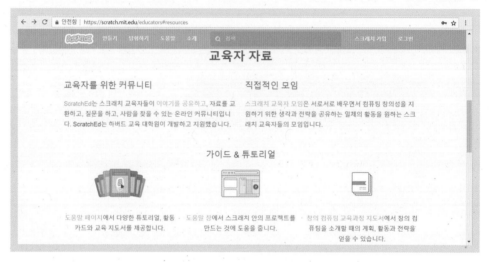

☑️ '교사 계정'을 별도로 만들면 학생들의 계정과 프로젝트를 관리할 수 있고 교사가 가르치는 학생들의 자료를 업로드 받아서 편리하게 관리할 수 있도록 하고 있다.

2) 오프라인 에디터에서 튜토리얼 보기

❶ 오프라인 에디터에서는 스크립트 영역 맨 오른쪽 상단에 ⑦ 버튼을 클릭한다.

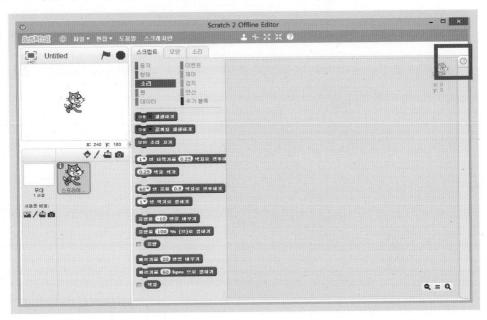

❷ [Step by Step], [How to], [Blocks] 세 탭으로 나뉘어 튜토리얼을 제공하고 있다.
[Step by Step]에서는 다양하게 활용할 수 있는 기본 프로젝트들을 소개하고 있다.

❸ [How to]에서는 간단한 효과, 애니메이션 동작, 게임 동작 등에 대한 튜토리얼을 제
공하고 있다.

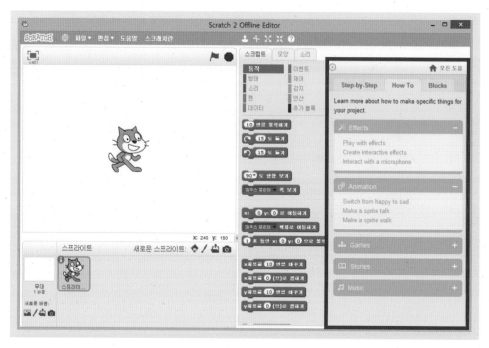

❹ [Blocks]에서는 각 카테고리 블록들을 어떻게 사용하는지 배울 수 있도록 하고 있다.

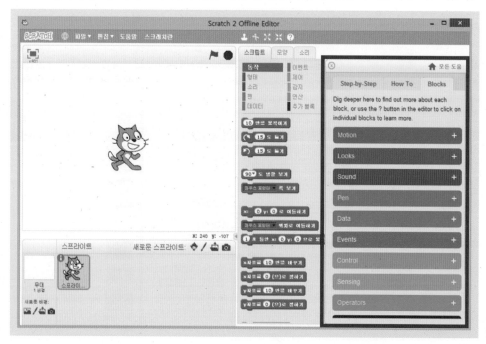

3) 튜토리얼 읽기

Pong Game Cards

튜토리얼 카드는 그림에서 보는 대로 가위로 점선을 따라 오리고 반으로 접어서 풀칠을
한다.

그러면 한 면은 프로젝트 이미지가 있고 다른 면은 스토리보드가 적혀 있어 순서대로 따
라하면 코딩을 완성할 수 있다.

(1) Pong Game Cards

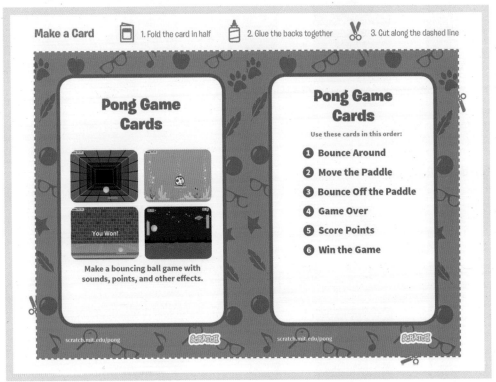

(2) Bounce Around

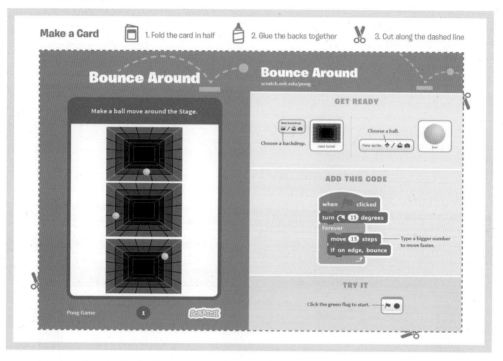

(3) Bounce Off the Paddle

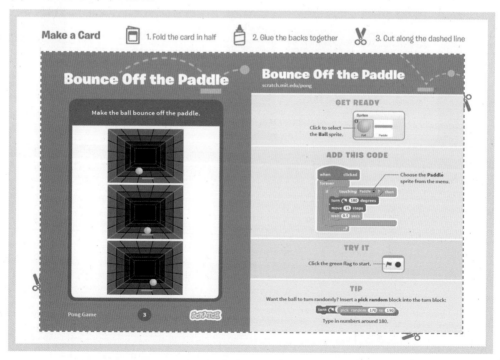

(4) Score Points

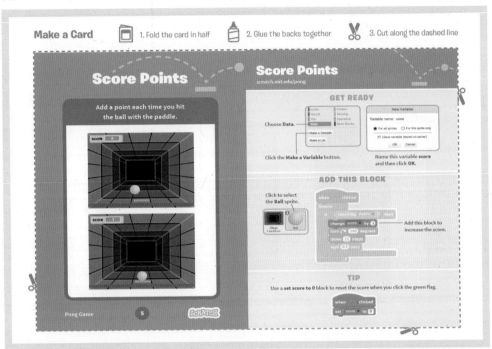

(5) Win the Game

(6) Move the Paddle

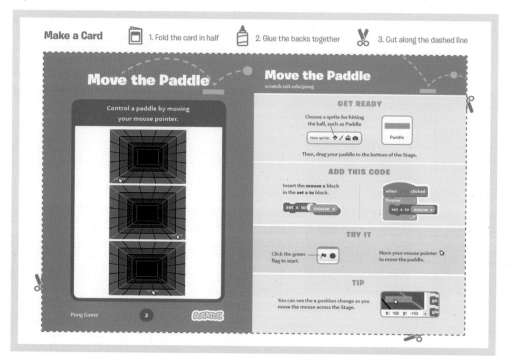

* 튜토리얼 카드는 주로 유치원생이나 초등학생들에게 스크래치 교육을 할 때 사용할 수 있도록 Mit Media Lab에서 고안한 것이다.

　아직 집중력이 발달하지 않은 저학년 학생들이 재미를 더하면서 스크래치를 배울 수 있는 좋은 도구이다.

4) 스크래치 그룹 교육 활동 자료

한 그룹이 같은 테마를 가지고 프로그래밍 작업을 하면서 서로의 작업을 비교하여 잘되고 잘못된 점들에 대해 협력한다.

CRITIQUE GROUP

FEEDBACK FOR: _____

PROJECT TITLE: _____

FEEDBACK BY	[RED] What is something that doesn't work or could be improved?	[YELLOW] What is something that is confusing or could be done differently?	[GREEN] What is something that works well or you really like about the project?

[출처: scratch.mit.edu]

[RED], [YELLOW], [GREEN] 섹션으로 구분하여 그룹 평가를 한다.

[RED]에서는 프로그램의 오류를 말하고 [YELLOW]에서는 옆 사람과 다른 의견을 제시한다.

[GREEN]에서는 프로그램의 장점을 말한다.

5) 스크래치 디버깅 학습 교육자료

디버깅(debugging)은 컴퓨터 프로그램의 정확성이나 논리적인 오류(버그)를 찾아내는 테스트 과정을 의미한다.

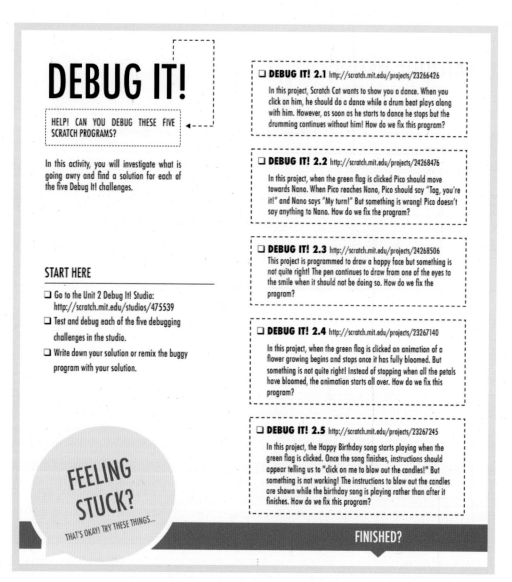

[출처: scratch.mit.edu]

스크래치 프로그램에서는 다른 텍스트 기반 프로그램들과는 달리 별도의 디버깅 프로그램을 갖고 있지 않다.

블록들을 클릭해서 실행시켜보고 그룹끼리 서로 토의하면서 디버깅을 한다.

아래 디버깅 자료를 번역해 보면 다음과 같다.

❏ **DEBUG IT! 2.1** http://scratch.mit.edu/projects/23266426

In this project, Scratch Cat wants to show you a dance. When you click on him, he should do a dance while a drum beat plays along with him. However, as soon as he starts to dance he stops but the drumming continues without him! How do we fix this program?

디버깅 2.1 http://scratch.mit.edu/projects/23266426

이 프로젝트는 스크래치 고양이가 당신에게 춤추는 것을 보여주는 거예요. 당신이 고양이를 클릭하면 드럼소리가 나오면서 드럼 소리와 함께 고양이가 춤을 춰야 해요. 그러나 춤을 추기 시작하고 곧 춤을 중지했는데도 드럼소리는 혼자서 계속되고 있어요. 무엇을 수정해야 할까요?

❏ **DEBUG IT! 2.4** http://scratch.mit.edu/projects/23267140

In this project, when the green flag is clicked an animation of a flower growing begins and stops once it has fully bloomed. But something is not quite right! Instead of stopping when all the petals have bloomed, the animation starts all over. How do we fix this program?

디버깅 2.4 http://scratch.mit.edu/projects/23267140

이 프로젝트는 초록깃발을 클릭했을 때 꽃이 피기 시작하고 다 피었을 때 애니메이션이 끝나요.
그런데 꽃잎이 다 피었는데도 애니메이션이 끝나지 않고 다시 시작되요.
어떻게 수정해야 할까요?

활용 tip

스크래치의 장점으로 그룹 작업을 들 수 있다. 스크래치의 특성 상 혼자서 디버깅을 하기는 쉽지 않다. 자신의 알고리즘에 빠져 틀린 곳을 찾아내기가 어렵다.
하나의 테마를 가지고 그룹으로 작업을 했을 경우 그룹 멤버끼리 같은 주제를 가지고 서로의 알고리즘 생각을 말하고 상대방과의 생각의 차이를 이해할 수 있다.
또한 같은 작업을 하기 때문에 멤버 상대방에게 프로그램의 오류를 수정하는 방법을 쉽게 얻을 수 있다.
스크래치는 프로그래밍을 위한 프로그램이기 보다는 프로그래밍을 하는 과정 중에 익혀야 할 여러가지, 문제해결 능력, 창의력, 알고리즘의 이해 등을 터득하는 좋은 도구이다.

2. 축구공 게임 프로젝트_튜토리얼

축구공 게임 프로젝트를 위한 튜토리얼을 만들어 보자

- 튜토리얼 카드는 A4 용지 한 장에 프린트 할 수 있도록 한다.
- 인쇄를 하면 반으로 접어서 사용할 수 있도록 구성한다.
- 튜토리얼 카드 안에 게임을 위한 스토리보드가 빠짐없이 잘 구성되어 있어야 수업 자료로 사용할 수 있다.
- 튜토리얼 저작도구는 문서작업용 도구이면 무엇이든지 가능하다. (예: MS Word, PowerPoint, Excel 등)
- 본인이 편리하게 할 수 있는 저작도구를 사용하면 된다.

(1) 축구공 게임 카드 순서 정하기

(2) 축구공을 사방으로 튕기기

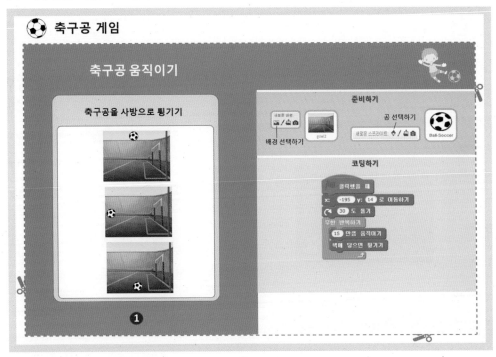

(3) Anna가 공을 막으면 공이 튕기기

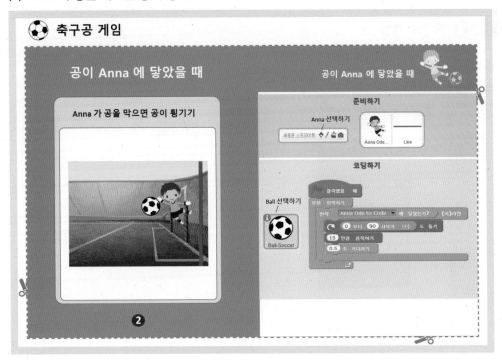

(4) Anna가 공을 못 막으면 Game Over 방송하기

(5) Anna를 마우스로 위 아래로 움직이기

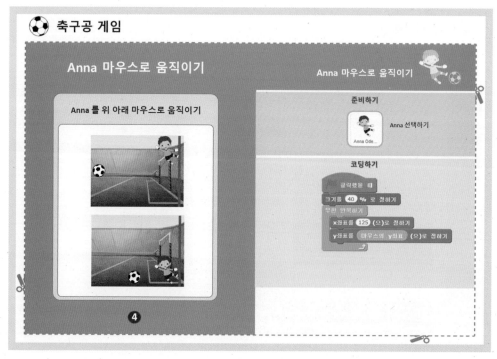

(6) Anna가 공을 막으면 점수 1점 가산하기

(7) 점수가 5점을 넘으면 "You won" 출력하기

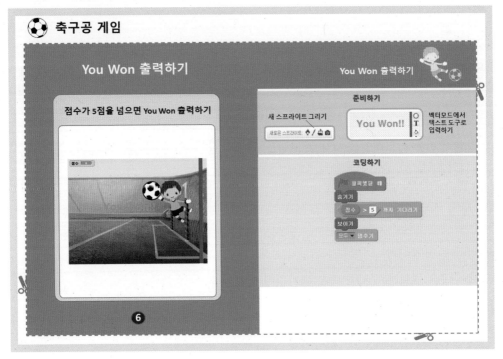

(8) Game Over를 받았을 때 모두 정지하기

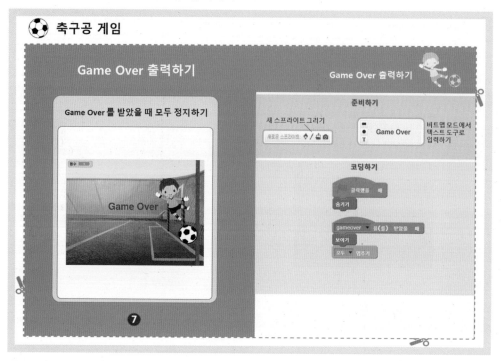

3. 축구공 게임 실습하기

앞 장에서 만든 튜토리얼을 토대로 코딩을 제대로 할 수 있는 지 실습해 본다.

1) 게임 스토리 설계하기

❶ 축구공 움직이기
축구공은 랜덤하게 사방 벽을 튕기면서 회전한다.

❷ 공이 Anna에 닿았을 때
공이 Anna에 닿으면 다시 튕기도록 한다.

❸ 공이 'line'에 닿았을 때

공을 못 막고 line 에 닿으면 바로 ["Game Over" 방송하기]를 한다.

❹ Anna 마우스로 움직이기

수비수(Anna)를 마우스로 움직이면서 튕기는 공을 골대 안에 들어가지 못하도록 막는다.

❺ 점수 만들기

공을 막으면 점수를 '1'점씩 증가시킨다.

❻ You won 출력하기

점수가 올라가고 5점 이상이 되면 "You won" 글자가 나온다.

❼ Game Over 출력하기

["Game Over"를 받았을 때] "Game Over"를 출력한 후 게임을 멈춘다.

2) 새 스프라이트 및 배경 불러오기

❶ [저장소에서 스프라이트 선택] 에서 'Ball-Soccer', 'Anna', 'Line'을 각각 불러온다.

❷ [저장소에서 배경 선택]에서 'goal2'를 배경으로 지정한다.

3) 축구공 움직이기

(1) 공 위치 초기화

❶ 공(Ball-Soccer) 스프라이트를 선택한다.

❷ '초록 깃발' 클릭 시 게임이 시작되도록 [🚩 클릭했을 때] 블록을 사용한다.

❸ 게임이 시작되면 공이 처음 위치로 가 있어야 하므로 [x(-195), y(14)로 이동하기] 블록을 사용한다.

(2) 축구공 회전시키기

```
↶ 30 도 돌기
무한 반복하기
    15 만큼 움직이기
    벽에 닿으면 튕기기
```

❶ 게임 시작 시 공을 회전 시킬 수 있도록 [(30)도 돌기] 블록을 먼저 사용한다.
이 블록을 먼저 사용하는 이유는 일단 먼저 공을 회전시켜야 일직선으로 공이 나가지
않게 하기 위함이다.

❷ 축구공이 앞으로 나아가도록 하기 위하여 [(15)만큼 움직이기] 블록을 사용한다.

❸ 축구공이 벽에 닿았을 시 튕겨야 함으로 [벽에 닿으면 튕기기] 블록을 사용한다.

❹ 공이 계속 튕기면서 회전해야 하므로 2, 3번 블록을 무한 반복시킨다.

(3) (1)번, (2)번 블록 결합하기

```
🏁 클릭했을 때
x: -195 y: 14 로 이동하기
↶ 30 도 돌기
무한 반복하기
    15 만큼 움직이기
    벽에 닿으면 튕기기
```

4) 공이 Anna에 닿았을 때

```
🏁 클릭했을 때
무한 반복하기
    만약 Anna Ode to Code ▼ 에 닿았는가? (이)라면
        ↶ 0 부터 90 사이의 난수 도 돌기
        15 만큼 움직이기
        0.5 초 기다리기
```

❶ 공(Ball-Soccer) 스프라이트를 선택한다.

❷ 공이 수비수(Anna)에 닿았는지를 판단하기 위해 조건문 [만약 (~)라면] 블록을 사용한다.

❸ 만일 공이 수비수(Anna)에 닿게 되면 (조건이 참이면) 공이 튕길 수 있도록 하기 위해 '[()도 돌기] 블록을 사용하는데 이때 도는 각도를 정해진 숫자를 입력해도 되고 임의로 자유롭게 움직임을 주기 위해 '난수'를 사용하여 [(0)부터 (90) 사이의 난수]) 돌기] 블록을 사용해도 된다.

❹ 공이 계속 회전하고 튕기기를 반복해야 하므로 조건문 블록 전체를 '무한 반복' 시킨다.

❺ 게임이 시작하면서 동시에 이루어져야 하므로 [클릭했을 때] 블록을 맨 위에 놓는다.

5) 공이 Line에 닿았을 때

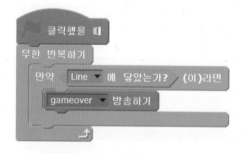

❶ 공(Ball-Soccer) 스프라이트를 선택한다.

❷ line에 공이 닿았는지를 체크하기 위해 [만약 ((Line에 닿았는가?)이라면] 블록을 이용한다.

❸ 공이 Line에 닿으면 게임을 종료시키기 위해 [(gameover) 방송하기] 블록을 이용한다.

메시지 만들기

메시지 창에서 이름 란에 "gameover"이라고 입력한 후 [확인]을 클릭한다.

❹ ❷, ❸번 블록을 무한 반복 시킨다.

❺ 게임이 시작될 때 동시에 실행시키기 위해  블록을 맨 위에 놓는다.

6) Anna 마우스로 움직이기

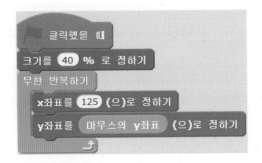

❶ 'Anna' 스프라이트를 선택한다.

❷ 먼저 Anna의 크기를 적당히 만들기 위해 [크기를 (40)%로 정하기] 블록을 사용한다.

Anna 의 x좌표는 변하지 않도록 일정한 값을 준다.

[y좌표를 (…)으로 정하기] 블록을 이용한다. Anna를 마우스로 위, 아래로 움직일 때
마다 변화된 '마우스의 y 좌표값'으로 새로운 y좌표값을 정하게 된다.

❸ 계속해서 Anna를 움직여야 하므로 [무한 반복하기]블록을 이용한다.

❹ 　[클릭했을 때] 　블록을 맨 위에 놓아 게임이 시작될 때 동시에 실행시킨다.

7) 점수 만들기

(1) 변수 만들기

📝 변수란 무엇인가?

변수는 임의의 데이터를 저장하는 기억 장소이다.

변수는 필요할 때 마다 만들어서 사용할 수 있다.

변수에는 숫자, 문자, 외에 또 다른 변수도 저장할 수 있다.

변수 만들기

❶ [데이터] – [변수 만들기]를 클릭한다.

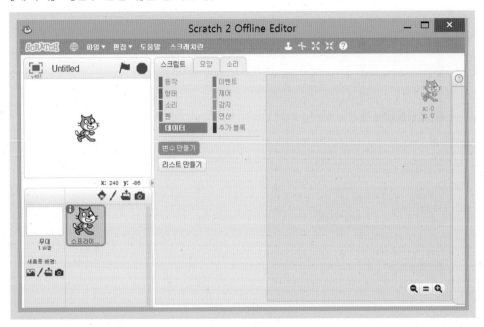

❷ [새로운 변수] 창에서 '변수 이름(점수)'를 입력한다
    '모든 스프라이트에서 사용'에 체크한다.

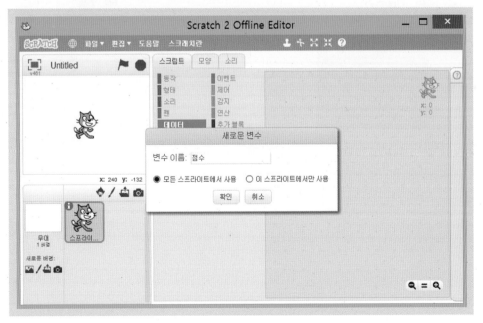

❸ '점수' 변수가 생성되었고 더불어서 자동으로 [점수] 블록과 관련된 블록들이 생성되었다.

❹ [점수] 변수는 화면에서 다양한 방식으로 모양을 변경할 수 있다.

▌변수 사용 옵션

변수 모양	미리보기
변수이름–변수값 보기	점수 0
변수값 크게 보기	0
슬라이더 사용하기	점수 0
숨기기	

(2) 변수 초기화 시키기

❶ 이 스크립트는 어떤 스프라이트에 삽입되도 상관없다.

❷ 변수는 계속해서 변하는 값을 저장하는 용도로 사용하므로 사용하기 전에 변수 안에서 처음 시작할 숫자 (0)으로 초기화 시켜야 한다.

(3) 점수 누적 시키기

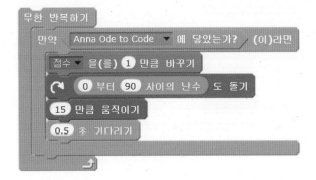

❶ 'Ball–Soccer' 스프라이트를 선택한다

❷ 공이 수비수(Anna)에 닿았을 때 점수를 '1'점 씩 올리기 위해 공이 Anna에 닿았는지를 체크하도록 조건문 블록을 사용한다.

❸ 조건이 참이면, 즉 수비수(Anna)가 공을 막으면 '점수'를 '1'점 더하기 위해 [데이터] - [변수] 블록 카테고리 안에 새로 생성된 [(점수)를 (1)만큼 바꾸기] 블록을 이용한다.

❹ 점수를 1점 더한 후 계속해서 수비수(Anna)에 공이 닿고 튕기게 하기 위해 [((0)부터 (90)사이의 난수)도 돌기] 블록을 이용한다.

주의: 이때 점수를 쌓는 블록만 이용하고 움직임이 있는 블록을 넣지 않으면 점수만 빠르게 누적시키는 오류를 범할 수 있다.

❺ [(15) 만큼 움직이기] 블록으로 공이 진행 방향으로 움직이도록 한다.

❻ 너무 빠른 움직임을 조절하기 위해 [(0.5)초 기다리기] 블록을 이용한다.

❼ ❷~❻번까지의 블록을 무한 반복 시킨다.

❽ [(초록 깃발을) 클릭했을 때] 블록 아래에 점수를 '0'으로 초기화 시키는 블록을 놓는다.

8) "You Won" 출력하기

(1) You Won 스프라이트 제작하기

❶ 스프라이트 창에서 [새 스프라이트 그리기] ✏ 를 클릭한다.

❷ 이미지에디터의 벡터 도구 모음에서 [텍스트]를 클릭한다.

❸ 빈 공간을 클릭하면 텍스트 박스가 생성된다.

생성된 텍스트 박스에 "You won"이라고 입력한다.

입력 후 바로 드래그를 해서 원하는 사이즈를 만든다.

주의: 텍스트 입력 시 영문만 입력이 된다.

(2) You Won 화면에 띄우기

❶ "You Won" 스프라이트를 선택한다.

❷ "You Won" 글자는 처음에는 나타나지 않아야 하므로 [숨기기] 블록을 먼저 사용한다.

❸ 점수가 5점을 넘을 때까지 나타나지 않도록 하기 위해 조건으로 [( )까지 기다리기] 블록을 이용한다.

❹ 점수가 5점이 넘으면 (6점부터) [보이기] 블록을 이용해 글자가 나타나게 한다.

❺ 점수가 5점이 넘으면 [모두 멈추기]블록을 이용하여 게임을 종료시킨다.

❻ 게임 시작 시 동시에 실행될 수 있도록 ██ 클릭했을 때 블록을 맨 위에 놓는다.

9) Game Over 출력하기

(1) Game Over 스프라이트 만들기

❶ 스프라이트 창에서 [새 스프라이트 그리기] 🖊 를 클릭한다.

❷ 이미지에디터의 비트맵 도구 모음에서 [텍스트]를 클릭한다.(비트맵과 벡터 모드를 각각 사용해보고 차이점을 익힌다.)

❸ 글자의 색깔을 먼저 지정한다.

❹ 빈 공간을 클릭하면 텍스트 박스가 생성된다.

⑤ 생성된 텍스트 박스에 "Game Over"이라고 입력한다.

⑥ 입력 후 바로 드래그를 해서 원하는 사이즈를 만든다.

(2) Game Over 화면에 띄우기

❶ 'Game Over' 스프라이트를 선택한다.

❷ 'Game Over' 글자는 게임이 시작될 때는 나타나지 않아야 하므로 블록 아래에 [숨기기] 블록을 놓는다.

❸ 공이 'Line'에 닿았을 때 gameover를 방송하도록 하였고 [(gameover) 를 받았을 때] 모습을 나타내도록 블록 아래에 [보이기] 블록을 놓는다.

❹ [모두 멈추기] 블록으로 게임을 모두 멈추게 한다.

학습정리

사용 스크립트 블록	
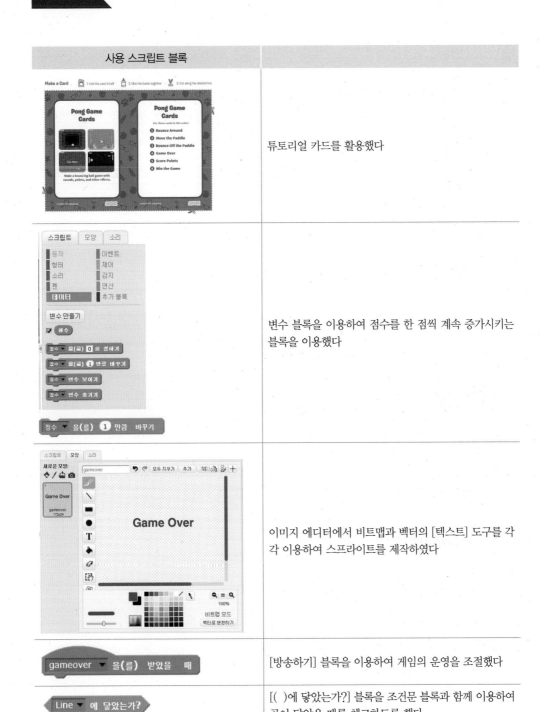	튜토리얼 카드를 활용했다
	변수 블록을 이용하여 점수를 한 점씩 계속 증가시키는 블록을 이용했다
	이미지 에디터에서 비트맵과 벡터의 [텍스트] 도구를 각각 이용하여 스프라이트를 제작하였다
	[방송하기] 블록을 이용하여 게임의 운영을 조절했다
	[( )에 닿았는가?] 블록을 조건문 블록과 함께 이용하여 공이 닿았을 때를 체크하도록 했다.

학습평가

1. [점수] 변수를 처음 만들고 반드시 해야 하는 작업은 무엇이겠는가?

① 점수 ▼ 을(를) 0 로 정하기

② 점수 ▼ 을(를) 1 만큼 바꾸기

③ 점수 ▼ 변수 숨기기

④ 점수 ▼ 변수 보이기

2. gameover ▼ 을(를) 받았을 때 블록이 실행되기 위해 선행되어야 하는 작업은 무엇인가?

① 점수 ▼ 을(를) 1 만큼 바꾸기

② 클릭했을 때

③ gameover ▼ 방송하기

④ 이 스프라이트가 클릭될 때

3. 다음 중 Line 스프라이트에 아래 블록을 코딩하려 한다. 수비수(Anna)가 공을 막지 못할 경우 게임을 종료시키려 할 때 아래 [( )에 닿았는가?] 조건 블록에서 선택해야 하는 것은 무엇인가?

① 마우스 포인터

② 벽

③ Anna Ode to Code

④ Ball—Soccer

정답

1. ①   2. ③   3. ④

사과번개로 따기
_감지 블록

학습목표

• 스크래치 프로젝트에서 어떤 작업이 실행되기 위해 조건을 체크할 때 감지 블록을 사용할 수 있다
• 스프라이트가 마우스 포인터를 감지하여 움직일 수 있도록 할 수 있다
• 연산 블록과 결합하여 좌표 위치를 알아낼 수 있다

1. 감지 블록의 종류

감지블록은 색깔이나 마우스포인터, 키보드 키, 등을 감지할 수 있는 블록이다.

컴퓨터의 날짜와 시간등을 가져와 현재의 년, 월, 일, 시, 분, 초 등을 알려준다.

감지블록의 종류	의미
마우스 포인터 ▼ 에 닿았는가?	마우스 포인터, 벽, 스프라이트 등에 닿았는지 체크한다.
색에 닿았는가?	스프라이트가 지정된 색에 닿았는지 체크한다.
색이 색에 닿았는가?	첫 번째 색이 두 번째 색에 닿았는지 체크한다
마우스 포인터 ▼ 까지 거리	마우스 포인터 ▼ 까지 거리 마우스 포인터 Bowtie Dani Hat Beanie 마우스 포인터나 지정한 스프라이트까지의 거리를 알려준다.
What's your name? 묻고 기다리기	질문을 표시한 후 사용자로부터 대답 내용을 기다린다.
대답	사용자가 입력한 대답을 '대답' 변수에 저장한다.
스페이스 ▼ 키를 눌렀는가?	키보드 상의 어떤 키가 눌렸는지 체크한다.
마우스를 클릭했는가?	마우스가 눌렸는지 체크한다.
마우스의 x좌표	마우스의 x좌표를 알려준다.
마우스의 y좌표	마우스의 y좌표를 알려준다.
타이머	초 단위로 시간을 재서 알려준다.
타이머 초기화	타이머 값을 0으로 초기화 시킨다.
비디오 켜기 ▼	비디오 카메라를 켜거나 끈다.
음량	현재의 음량의 크기를 알려준다.

감지블록의 종류	의미
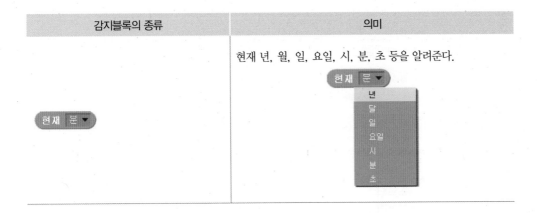	현재 년, 월, 일, 요일, 시, 분, 초 등을 알려준다.

2. 감지 블록의 활용 예제

예제 10.1

마우스의 포인터 감지하기 예제

마우스 포인터까지의 거리를 감지하고 그 거리가 50보다 작으면 10 만큼 움직이고 색깔 효과를 25만큼 바꾸기

(1) 스프라이트 추가하기

❶ 저장소에서 Dinosaur3 스프라이트 선택하기

❷ 이미지 에디터에서 스프라이트 중심점 잡기

중심점은 거리나 각도의 기준이 되므로 마우스와의 거리를 두려면 중심점을 앞쪽으로 옮기는 것이 좋다

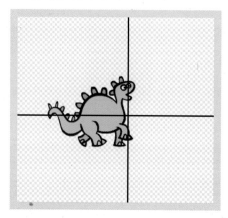

(2) 스크립트 작성하기

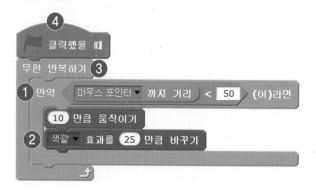

❶ 마우스 포인터까지의 거리가 50보다 작은지 체크하기 위해 감지 블록의 [(마우스 포인터)까지의 거리]와 연산 블록에 있는 [( ) 〈 50] 블록을 결합하여 블록의 조건에 삽입한다.

❷ 거리가 50 이하이면 10 만큼 움직이고 색깔 효과를 25만큼 바꾼다.

❸ 이 작업이 계속 되어야 하므로 무한 반복 루프 블록으로 감싼다.

❹ 게임을 시작하기 위해 블록을 맨 위에 얹는다.

(2) 결과보기

스프라이트는 10씩 움직일 때마다 자신의 색상을 계속 바꿔가면서 이동한다.

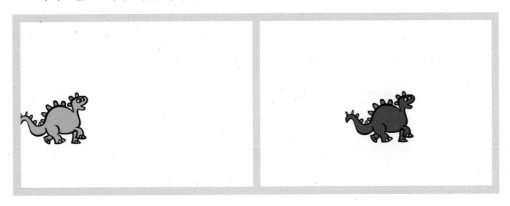

예제 10.2

마우스의 좌표값 말하기 예제

마우스를 클릭할 때마다 Duck이 좌표값을 따라 움직이고 움직이면서 포인트한 마우스 좌표값을 말한다.

(1) 스프라이트 추가하기

Duck 스프라이트를 [저장소]에서 추가한다.

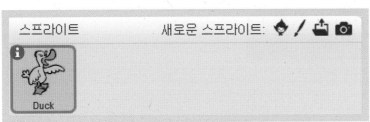

(2) 연산블록과 감지블록의 결합

X 좌표값과 Y 좌표값을 결합하기 위해  을 이용한다.

각각의 빈칸에 [마우스의 x좌표], [마우스의 y좌표]를 나타내는 블록을 삽입한다.

(3) 스크립트 작성하기

❶ 게임이 시작될 때 Duck 의 위치를 [x: 0 y: 0 으로 이동하기]블록을 이용하여 초기화 시킨다.

❷ [마우스의 x좌표], [마우스의 y좌표] 블록을 결합한
블록을 마우스의 좌표값을 말하기 위해
블록 빈칸에 삽입한다.

❸ 마우스를 클릭할 때마다 마우스의 위치로 Duck을 움직이게 하기 위해서 [x좌표를 (마우스의 x좌표) 로 정하기]], [y좌표를 (마우스의y좌표) 로 정하기] 블록을 이용한다.

❹ 시간 조절을 하기 위해 [(1)초 기다리기] 블록을 이용한다.

❺ 반복해서 작업이 이루어져야 하므로 [무한 반복]블록으로 2~4 블록을 모두 루프로 감싼다.

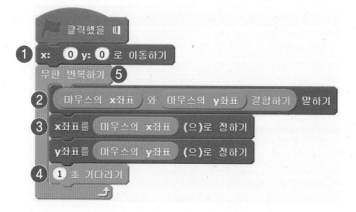

3. 사과 번개로 따기 프로젝트

1) 전체 스토리보드

• 방향키를 이용해서 마술봉을 움직인다

• 스페이스키를 누르면 마술봉에서 번개가 나오게 한다

• 번개로 나무에 달린 사과를 맞춘다

• 번개에 맞은 사과는 아래로 떨어진 후 사라진다

2) 스프라이트 및 배경 추가

[저장소]에서 'Magic Wand', 'Apple', 'Lighting' 추가하기

[저장소]에서 'woods' 배경 추가하기

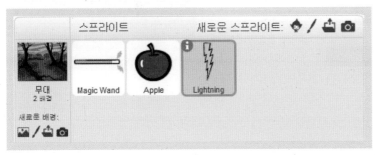

3) 스크립트 작성하기

01 마술봉 스크립트 1_좌우로 움직이기

마술봉(Magic Wand)스프라이트를 선택한 후 코딩을 한다.

오른쪽 화살표 키를 누르면 오른쪽으로 10만큼 움직인다.

왼쪽 화살표 키를 누르면 왼쪽으로 10만큼 움직인다.

02 마술봉 스크립트 2_초기화

파란 깃발을 클릭했을 때 마술봉의 크기를 70%로 조정한다.

마술봉을 위로 똑바로 세우기 위해 [(0도) 방향보기]를 한다.

마술봉을 초기 위치로 이동시킨다.

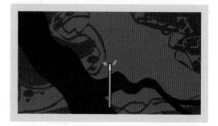

03 번개 스크립트 1_복제하기

번개(Lightning) 스프라이트를 선택한 후 코딩을 한다.

스페이스키를 누르면 번개는 마술봉 상단 위치에 나타나야 한다.

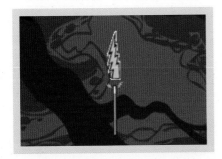

스페이스키를 누를 때마다 번개(Lightning)를 마술봉(Magic Wand) 위치로 이동시킨 후 번개를 복제시킨다.

게임을 위해서는 스페이스키를 누를 때마다 번개가 생성되어야 하므로 블록들을 [무한반복]으로 둘러싼다.

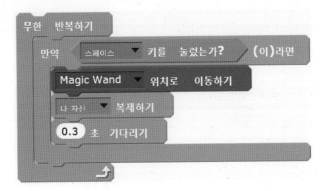

04　번개 스크립트 2_초기화

파란 깃발을 클릭했을 때 번개의 **크기를 20%로** 조정한다.

프로젝트가 시작되면 번개를 숨기고 있어야 한다.

05　번개 스크립트 3_복제되었을 때

❶ 번개가 생성된 후에 일어나야할 동작들을 코딩해야 하므로 [복제되었을 때] 블록을 이용한다.

"(03) 번개 스크립트 1_복제하기"에서 [나 자신 복제하기] 이벤트가 발생되고 이 이벤트가 [복제되었을 때] 이벤트를 작동시킨다.

❷ 번개는 복제된 후 새로 계속 나타나야 한다. [보이기]

❸ 사과를 맞히지 못하고 벽에 닿았는지를 계속 조건 체크한다.

❹ 벽에 닿을 때 까지 번개는 계속 위로 움직여야 한다.

❺ 위로 올라가다 사과를 맞히는지를 체크하고

❻ 사과를 맞히게 되면 자신은 모습을 숨기고

❼ [("빨간 사과 명중") 방송 하기]를 한다.

❽ 번개가 벽에 닿는 순간 [조건 반복문]에서 빠져 나와 사라져야 하므로 [이 복제본 삭제하기] 블록을 이용한다.

"(03)번개 스크립트 1_복제하기"

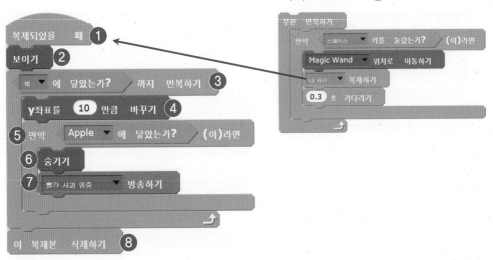

06 번개 스크립트 4_[각도] 변수

번개는 항상 위쪽을 보고 있어야 한다.

번개의 방향을 조정하기 위해 [각도] 변수를 사용한다.

변수란 데이터를 저장하는 공간이다

계속 변해야 하는 값을 저장할 때 변수를 사용한다

📝 (각도) 변수 만들기

❶ 스크립트 창에서 [데이터] 블록 카테고리를 클릭해서 [변수만들기]를 클릭한다.

❷ 새로운 변수 창에서 변수이름 을 [각도]라고 입력한다

❸ '모든 스프라이트에서 사용'을 선택한다. (변수 사용 범위는 스프라이트 전체에서 사용할 수 있는 경우와 한 스프라이트에서만 사용할 수 있는 경우를 선택해서 사용한다… 보통의 경우 큰 문제가 없기 때문에 '모든 스프라이트에서 사용'에 체크한다)

④ [확인]을 누르면 스크립트 창에 변수 [각도]와 [각도] 변수의 초기값, 증가값등을 정할 수 있는 블록들이 자동으로 생성된다

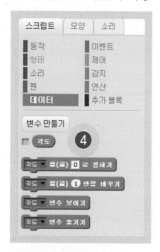

07   번개 스크립트 5_각도 수정

번개의 뾰족한 부분을 위로 향하게 하기 위해서 [각도]를 "−90"도 정한다.
[각도를 (−90)로 정하기] 블록을 [복제되었을 때] 블록의 실행문들 위로 위치시킨다.(초기화)
번개의 각도를 지정할 때 원래의 본 모습이 향하는 방향(90도)을 기준으로 해야 해서 그 반대 방향을 봐야 하기 때문에 (−90)도로 정해야 번개의 뾰족한 부분이 위를 향할 수 있다.
다른 스프라이트에서도 스프라이트별로 각도를 정하는 방식이 다르므로 그때 그때 방향 체크를 해보면 된다.

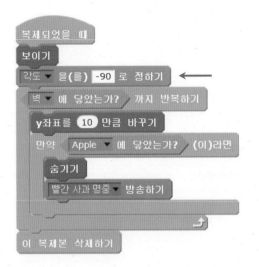

08 번개 스크립트 완성

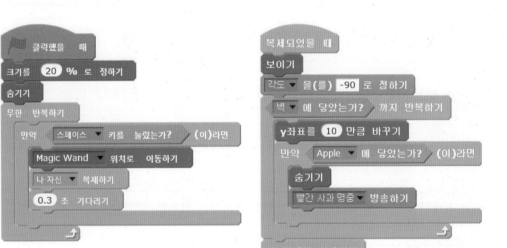

09 빨간 사과 스크립트_1

빨간 사과(Apple) 스프라이트를 선택한 후 코딩을 한다.

❶ 빨간 사과가 떨어지는 시점은 번개에 맞았을 때이다. 이 상황을 코딩하면 [(빨간 사과 명중) 방송하기] 블록이 실행되면 이를 받아서 ["빨간 사과 명중"을 받았을 때] 블록

의 실행으로 연결된다.

❷ 번개가 빨간 사과를 맞히면 땅 아래로 (20)씩 떨어지고 바닥에 닿을 때까지 계속 떨어진다

❸ 땅 바닥에 떨어지면 사라지게 한다.

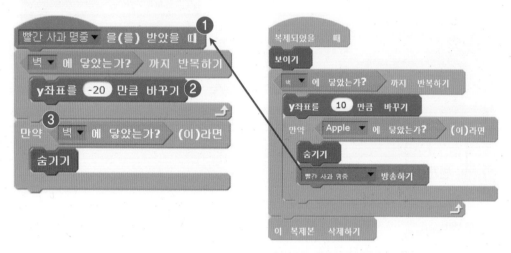

05_번개 스크립트3_복제되었을 때

<table>
<tr><td>**10**</td><td>**빨간 사과 스크립트_2_초기화**</td><td></td></tr>
</table>

사과가 땅에 떨어지면서 사라지게 된다. 그러나 게임이 새로 시작되면 '사과'가 다시 보여야 한다.

사과가 다시 보여질 때 처음 크기와 처음 매달려있는 위치를 정한다.

11　사과 스프라이트 복제하기

게임에서 필요한 사과는 다양한 색깔을 가진 여러 개의 사과이다.

사과들은 모두 똑같은 동작을 하게 되므로 빨간 사과를 복제해서 사용하면 된다

사과는 복제한 후 이미지에디터에서 색깔을 바꾼다.

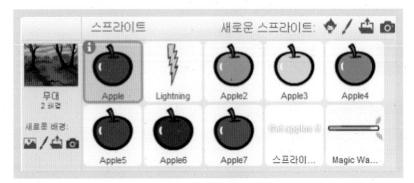

12　노란 사과 스크립트

빨간 사과를 복제했기 때문에 빨간 사과의 스크립트도 함께 복사되었다.

복사된 스크립트에서 **몇 가지만 수정**하면 된다.

❶ 처음 매달려 있는 위치만 수정한다.

❷ ["노란 사과 명중"을 받았을 때]로 바꾼다

13   사과 스크립트 완성

나머지 색상들의 사과들도 노란 사과처럼 **초기 위치**와 [**"노란사과 명중"을 받았을 때**]에서
사과 색상만 바꿔주면 된다.

✔ 주황사과

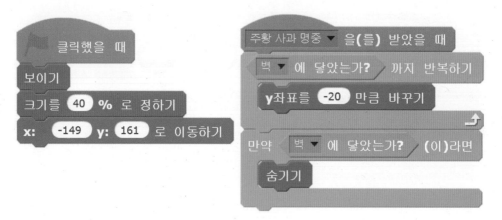

✔ 파란사과

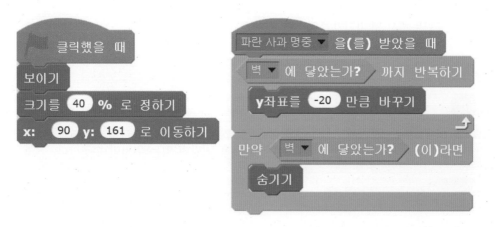

☑ 남색사과

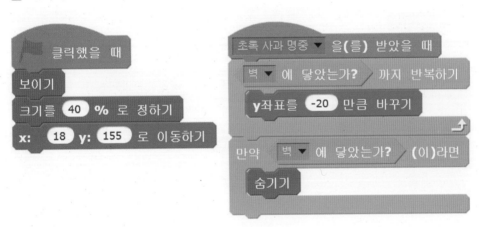

☑ 초록사과

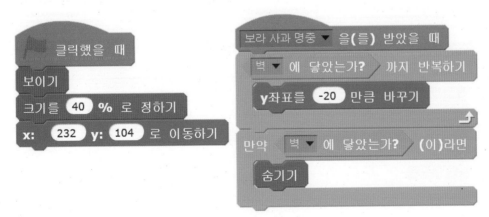

☑ 보라사과

학습정리

1. 감지블록과 연산블록의 결합

2. 사용된 중요 블록

• 번개 복제하기

• 각도 변수 만들기

• 번개 각도 수정 후 '명중' 방송하기

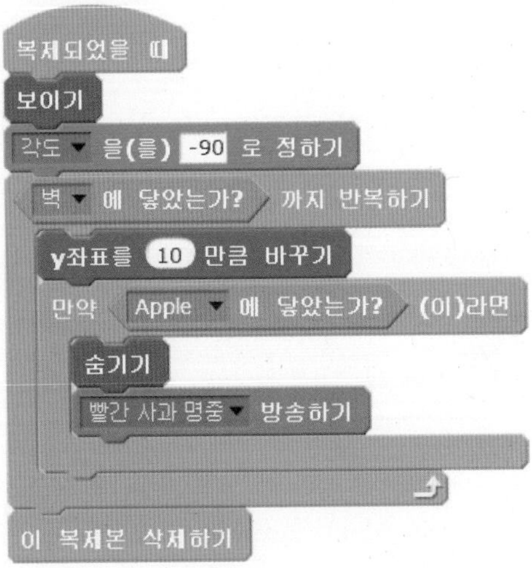

```
복제되었을 때
보이기
각도 ▼ 을(를) -90 로 정하기
벽 ▼ 에 닿았는가? 까지 반복하기
    y좌표를 10 만큼 바꾸기
    만약 Apple ▼ 에 닿았는가? (이)라면
        숨기기
        빨간 사과 명중 ▼ 방송하기
이 복제본 삭제하기
```

학습평가

1. 아래 블록의 빈칸에 결합될 수 없는 블록은 무엇인가?

hello 와 world 결합하기

①  색이 ▢ 색에 닿았는가?

②  타이머 초기화

③  마우스의 x좌표

④ 타이머

2. 아래 블록은 번개 스프라이트 스크립트이다. 사과를 맞추었을 때 일어날 수 있는 일은 무엇인가?

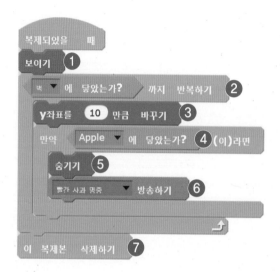

3. 아래 블록은 번개 스프라이트 스크립트이다. 사과를 맞추지 못했을 때 일어날 수 있는 일은 무엇인가?

정답

1. ②   2. ⑤, ⑥   3. ③, ⑦

강아지 포춘 쿠키 게임
_연산블록

학습목표

• 질문하고 기다리기 블록과 대답 블록을 이용하여 사용자와 인터렉티브한 게임을 할 수 있다
• 변수에 저장한 내용을 연산 블록을 이용하여 다양한 방식으로 출력할 수 있다
• 스프라이트의 속력을 난수로 조절할 수 있다

1. 연산 블록 활용하기

연산 블록을 이용하면 숫자 값과 논리 값을 편하게 이용할 수 있다.

연산 블록은 사칙연산의 기능 외에 텍스트를 결합할 수도 있고 텍스트의 길이를 나타내기도 한다.

1) 연산 블록의 종류

연산 블록의 종류	의미
( ) + ( )	첫 번째 값에 두 번째 값을 더한 결과값을 알려준다
( ) - ( )	첫 번째 값에 두 번째 값을 뺀 결과값을 알려준다
( ) * ( )	첫 번째 값에 두 번째 값을 곱한 결과값을 알려준다
( ) / ( )	첫 번째 값에 두 번째 값을 나눈 결과값을 알려준다
1 부터 10 사이의 난수	첫 번째 값부터 두 번째 값 사이의 임의의 수를 알려준다
[ ] < [ ]	첫 번째 값이 두 번째 값보다 작으면 참, 그렇지 않으면 거짓을 알려준다
[ ] = [ ]	첫 번째 값과 두 번째 값이 같은지 판단하여 같으면 참, 그렇지 않으면 거짓을 알려준다
[ ] > [ ]	첫 번째 값이 두 번째 값보다 크면 참, 그렇지 않으면 거짓을 알려준다
그리고	첫 번째 조건과 두 번째 조건이 모두 참이면 참, 하나라도 거짓이면 거짓을 알려준다
또는	첫 번째 조건이나 두 번째 조건중에서 하나라도 참이면 참, 둘 다 거짓이면 거짓을 알려준다
가(이) 아니다	입력 조건의 논리값의 반대를 알려준다 조건이 참이면 '거짓', 조건이 거짓이면 '참'을 알려준다
hello 와 world 결합하기	첫 번째 문자와 두 번째 문자를 연결한다

연산 블록의 종류	의미
1 번째 글자 (world)	두 번째 값에 입력된 단어의 첫 번째 값에 위치한 문자를 알려준다.
world 의 길이	입력된 단어의 글자 수를 알려준다.
◯ 나누기 ◯ 의 나머지	첫 번째 값을 두 번째 값으로 나눈 나머지를 알려준다.
◯ 반올림	입력 값의 반올림 값을 알려준다.
제곱근 ▼ (9)	입력 값의 제곱근에 해당하는 값을 알려준다.
제곱근 ▼ (9) 절대값 바닥 함수 천장 함수 제곱근 sin cos tan asin acos atan ln log e ^ 10 ^	입력 값의 수학 함수 (절대값, 제곱근, sin, cos, log …)등의 결과값을 알려준다.

2) 연산 블록의 활용

(1) 사칙연산 블록

블록 위에서 마우스 오른쪽 버튼을 클릭하면 메뉴가 나온다.

하나의 블록으로 다양한 연산으로 바꿔서 사용할 수 있다.

(2) 난수 블록

1 부터 10 사이의 난수

이 블록은 주어진 범위 안에서 무작위로 숫자를 만들어내는 기능이 있다.

가령, "1부터 10 사이의 난수"라면 나오는 숫자가 무작위로 정해져서 1일 수도 5일 수도 있다.

이 블록을 계속 클릭해보면 출력해주는 숫자가 매번 다르게 나오는 걸 볼 수 있다.

이 블록은 스프라이트가 출현할 때 정해진 속도나 크기로 나타나지 않고 커졌다 작아졌다 또는 빨랐다 느렸다를 반복하면서 출현할 때 많이 사용한다.

(3) 부등식 블록

이 블록은 논리값을 비교하여 참, 거짓을 알려주는 기능이 있다.

블록 위에서 마우스 오른쪽 버튼을 클릭하면 메뉴가 나와 〈, =, 〉 등의 연산으로 바꿔서 사용할 수 있다.

하얀 네모 빈칸에는 숫자를 입력할 수 도 있지만 '둥그런 타원 블록'이 삽입되어 활용될 수도 있다.

2. 연산 블록 활용 예제

1) 영문 이름 묻고 말하기

이름을 질문을 한 후 사용자로부터 대답을 듣고 "hello (사용자이름)"을 말하는 예제이다.

❶ 질문을 하기 위해서는 What's your name? 묻고 기다리기 블록을 사용한다.

　질문 블록이 실행되면 대답을 입력할 상자가 자동으로 생성된다.

　대답 상자에 이름을 입력하게 되면 자동으로 대답 블록에 대답한 내용이 입력된다.

　[대답] 블록은 [감지] 카테고리에서 '보이기'에 체크해주면 무대에 나타난다.

❷ "hello"와 대답 블록을 결합한 후

[hello와 (대답) 결합하기] 블록을 말하기 블록과 결합한다.

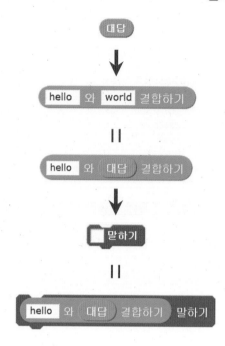

❸ [클릭했을 때] 이벤트 블록을 삽입하여 질문을 시작하게 한다.

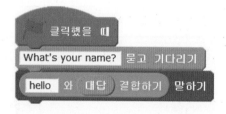

❹ 〈결과보기〉

"koun"이라는 이름을 받아 "hello koun"이라고 말한다.

실행 창에 나타나는 [대답] 블록은 [감지] 카테고리에서 '보이기'에 체크해주면 무대에
나타난다.

2) 영문 이름을 묻고 이름 알파벳을 한자씩 말하기

사용자가 입력한 영문 이름을 기억하고 있어야 한다.

기억한 이름을 알파벳을 순서대로 말해야 하므로 순서를 정하기 위해 [글자] 변수를 이용한다.

❶ [데이터] – [변수만들기]를 클릭한다.

❷ '새로운 변수' 창을 열고 변수명 "글자"를 입력한다.

변수를 [모든 스프라이트에서 사용] 하도록 선택한다.

❸ 변수를 만들면 변수와 관련된 블록들이 자동으로 생성된다.

[글자]에 체크하면 무대에 글자 상자가 나타난다.

❹ [대답]블록에 저장된 "koun"의 알파벳들을 한 자씩 출력하기 위해 [글자] 변수를 사용한다.

❺ 계속해서 다음 알파벳을 말해야 하므로 [글자] 블록의 숫자를 1 씩 증가시키는 블록을 삽입한다.

❻ 알파벳을 말하는 반복 횟수는 '대답'으로 얻은 이름 알파벳 개수이므로 '유한 반복문'
블록 빈칸에 [대답] 블록을 삽입한다.

❼ 대답으로 얻은 이름 알파벳 개수만큼 반복시킨다.

❽ 이름을 말하게 하는 ❺번 실행문을 모두 반복문 안에 삽입한다.

❾ 반복문 바로 위에 [글자] 변수 초기값을 '0'으로 정하는 블록을 추가한다.

(알파벳 한자씩 말하기 스크립트 완성)

3. 강아지 포춘 쿠키 프로젝트

1) 알고리즘 만들기

- 강아지를 화살표 키로 움직이기

- 포춘 쿠키를 랜덤하게 반복해서 떨어지기

- 강아지가 포춘 쿠키를 받아 먹으면 행운 점수 1점 증가시키기

- 돌맹이 복제하기

- 돌맹이 랜덤한 속도로 떨어지기

- 돌맹이에 닿으면 체력 점수 1점 감소시키기

- 행운 점수가 3점이 되었을 때 "You made it" 출력 후 모두 멈추기

- 체력 점수가 0점이 되었을 때 "Game Over" 출력 후 모두 멈추기

2) 스프라이트 및 무대 준비

저장소에서 Dog1, Fortune Cookie, Rocks 스프라이트를 추가한다.

저장소에서 Blue Sky 배경을 선택한다.

3) Dog1 스크립트

01 **강아지 초기화**

❶ Dog1 스프라이트를 선택한다.

❷ 초록 깃발을 클릭해 게임이 실행되면 Dog1 스프라이트의 크기를 50%로 정한다.

02 **강아지 화살표 키로 움직이기**

❶ 오른쪽 화살표 키를 누르면 오른쪽을 보고 움직이도록 하기 위해서 [90도 방향보기]
와 [10만큼 움직이기]를 이용한다.

❷ 왼쪽 화살표 키를 누르면 왼쪽을 보고 움직이도록 하기 위해서 [-90도 방향보기]와
[10만큼 움직이기]를 이용한다.

```
무한 반복하기
    만약   오른쪽 화살표 ▼  키를 눌렀는가?   (이)라면
        90 ▼ 도 방향 보기
        10  만큼 움직이기

    만약   왼쪽 화살표 ▼  키를 눌렀는가?   (이)라면
        -90 ▼ 도 방향 보기
        10  만큼 움직이기
```

4) Fortune Cookie 스크립트

| 01 | 포춘 쿠키 랜덤하게 반복해서 떨어지기 |

```
클릭했을 때
무한 반복하기
    x:  -240  부터  240  사이의 난수   y:  180  로 이동하기
    보이기
        y좌표  <  -170   까지 반복하기
        y좌표를  -5  만큼 바꾸기
```

❶ Fortune Cookie 스프라이트를 선택한다.

❷ 쿠키가 좌 우로 랜덤하게 나타나게 하기 위해 [x: ((−240)부터 (240)사이의 난수) y: (180)로 이동하기] 블록을 이용하여 위치를 잡는다.
쿠키가 항상 꼭대기에서 떨어지기 때문에 y 값은 고정이다.

❸ [보이기] 블록을 이용하여 포춘 쿠키가 나타나게 한다.
쿠키가 5만큼씩 아래로 떨어져 y좌표가 '−170'보다 작아질 때까지 반복해서 떨어지게 한다.

❹ 쿠키가 반복해서 떨어지도록 [무한반복]문을 사용한다.

활용 tip

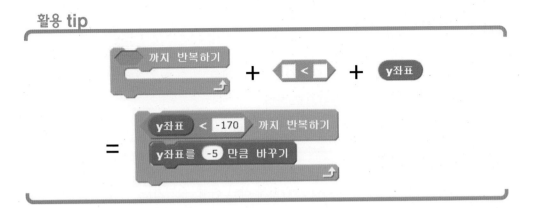

02 행운, 체력, 속력 변수 만들기

행운 점수를 증가시키기 위해서 [행운] 변수를 만든다.

돌맹이가 랜덤한 다양한 속도로 떨어지도록 하기 위해 [속력] 변수를 만든다.

돌맹이에 맞으면 체력 점수를 감소시키기 위해 [체력] 변수를 만든다.

03   행운 점수 1씩 증가시키기

❶ [행운] 변수를 1씩 증가시키기 위해서 반드시 [행운] 변수를 초기화시켜야 한다.
   이 경우, 변수의 초기화 값은 '0'으로 한다.

❷ 강아지가 쿠키를 먹었는지 체크하는 방법은 쿠키가 [Dog1에 닿았는가] 를 체크하는
   것이다.

❸ 결과가 '참'(닿았다면)이면 쿠키를 사라지게 하기 위해 [숨기기] 블록을 이용한다.

❹ 강아지가 쿠키를 먹으면 '행운' 점수를 1 증가시킨다.

❺ 게임을 하는 동안 쿠키를 먹었는지 계속 체크해야 하므로 [무한반복]을 사용한다.
   이때 주의해야 할 것이 [(행운)을 (0)로 정하기] 블록은 [무한반복]에 넣으면 안된다.
   그러면 쿠키를 먹어도 행운 점수가 올라가지 않는다.

```
클릭했을 때
행운 ▼ 을(를)  0  로 정하기
무한 반복하기
    만약   Dog1 ▼ 에 닿았는가?   (이)라면
        숨기기
        행운 ▼ 을(를)  1  만큼 바꾸기
```

5) 돌맹이(Rocks) 스크립트

01   돌맹이 복제하기

❶ Rocks 스프라이트를 선택한다.

❷ 처음 게임이 시작되면 돌맹이의 적당한 사이즈를 정하고 숨기기를 한다.

❸ x좌표를 난수를 사용하여 다양한 장소에서 돌맹이가 나와 아래로 떨어진다.

❹ 여러 개의 돌맹이가 나타나야 하므로 '제어' 카테고리에 있는 [(나 자신) 복제하기]블록을 이용하여 복제를 한다.

❺ 시간을 랜덤하게 딜레이시키면서 돌맹이가 나타나게 한다.

이 블록이 없으면 돌맹이가 너무 많이 복제된다.

```
클릭했을 때
크기를 40 % 로 정하기
숨기기
무한 반복하기
    x: -240 부터 240 사이의 난수 y: 180 로 이동하기
    나 자신 ▼ 복제하기
    0.5 부터 1 사이의 난수 초 기다리기
```

02 돌맹이 랜덤하게 떨어지기

돌맹이는 [나자신 복제하기]로 복제된다.

복제된 후의 동작을 위해 [복제되었을 때] _이벤트 블록을 사용한다.

돌맹이가 복제된 후 아래로 떨어지는데 이때 떨어지는 속력을 랜덤하게 하기 위해 '속력' 변수를 사용한다.

```
새로운 변수

변수 이름: 속력

● 모든 스프라이트에서 사용    ○ 이 스프라이트에서만 사용

    확인    취소
```

❶ 랜덤하게 떨어지는 속도를 내기 위해 [속력] 변수 초기값을 1~5 사이의 난수로 정한다.

❷ 처음에 돌맹이를 보이도록 한다.

❸ 돌맹이를 아래로 계속 떨어지게 하기 위해 y좌표값이 −170 보다 작을 때 까지 반복 시킨다.

❹ 떨어지는 간격을 다르게 하기 위해 y좌표를 속력×(−1)만큼 바꾼다. 이렇게 하면 [속력] 변수에 들어가는 값이 랜덤하게 정해지기 때문에 떨어지는 간격도 랜덤하게 된다.

❺ 맨 아래로 떨어지면 사라지게 하기 위해 [이 복제본 삭제하기] 블록을 이용한다.

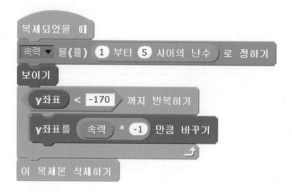

03 체력 점수 1점 감소시키기

Rocks

돌맹이가 복제된 후 강아지가 돌맹이에 닿으면 체력 점수를 1점 씩 감소시킨다.

❶ 먼저 '체력' 점수를 감소시키기 위해 '체력' 변수를 만든다.

❷ 복제된 후의 동작을 위해 [복제되었을 때] _이벤트 블록을 사용한다.

❸ 강아지가 돌맹이를 맞았는지 반복해서 체크한다.

❹ 만일 참(맞았다면)이면 [체력] 변수 값을 1 감소시킨다.

❺ 강아지가 돌맹이에 맞으면 돌맹이는 사라지도록 하기 위해 [숨기기] 블록을 이용한다.

❻ 이때 [숨기기] 블록을 사용하지 않으면 [체력]을 1만큼 감소시키는 블록이 무한 반복
되면서 갑자기 체력이 떨어져 게임이 끝나게 된다.

```
복제되었을 때
무한 반복하기
  만약  Dog1 ▼  에 닿았는가?  (이)라면
    체력 ▼ 을(를) -1 만큼 바꾸기
    숨기기
```

04 속력 점수, 체력 점수 초기화시키기

[체력] 변수 초기 값은 '5'로 정한다.

[행운] 변수 초기 값은 '0'으로 정한다.

* 이 코드는 특별한 스프라이트를 지정하지 않으므로 아무 스프라이트에서 실행시켜도
되고 [무대]에 코딩을 해도 된다.

```
클릭했을 때
체력 ▼ 을(를) 5 로 정하기
속력 ▼ 을(를) 0 로 정하기
```

6) 'You made it' 출력하기

01 "You made it" 스프라이트 만들기

이미지 에디터에서 [텍스트]도구를 클릭한 후 'You made it'을 입력한다.

'You made it' 문구가 스프라이트에 등록이 되었다.

02 "You made it" 출력 후 모두 멈추기

❶ 'You made it' 스프라이트를 선택한다.

❷ 게임이 시작되면서 바로 [숨기기] 한다.

❸ [행운] 점수가 3이 되면 'You made it'을 보이도록 한다.

❹ [행운] 점수가 3이 되면 [모두 멈추기] 블록을 이용하여 게임을 종료시킨다.

(you made it 장면)

7) "Game Over" 출력하기

"Game Over" 배경 만들기

이미지에디터에서 배경을 복사한 후 'blue sky2'라 하고 배경의 변화를 위해 배경색을 바꾼다.

"Game Over"를 입력한다.

("You made it" 문구가 새로운 스프라이트로 만들어 진 반면, "Game Over" 화면은 배경을 복사해서 만든 것의 차이를 잘 이해해야 한다.)

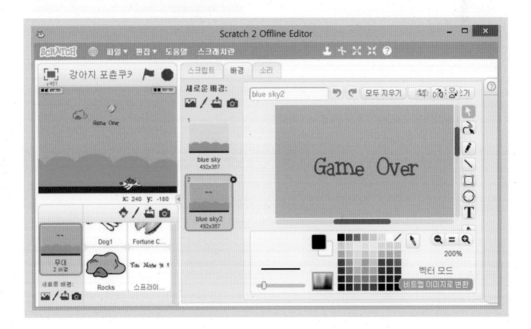

02   체력이 '0'이면 모두 멈추기

체력이 '0'이 되면 배경을 'blue sky2'로 바꾸고 [모두 멈추기] 블록으로 게임을 종료한다.

Game over 장면

학습정리

중요 블록 정리

- [( )초 기다리기] 에 [난수] 연산 블록을 사용한다

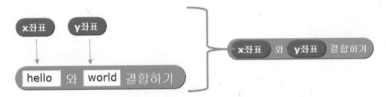

- 문자 뿐만 아니라 좌표값(숫자)를 결합한다.

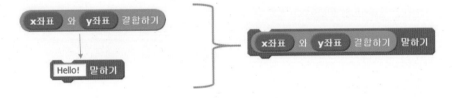

- X좌표, y좌표값을 [(Hello) 말하기] 블록에 조인시켜 좌표값을 말하게 한다.

- "hello"와 [대답] 블록을 결합하여 [( ) 말하기] 블록에 조인시킨다.

• [대답]으로 받은 문자의 알파벳을 [글자]번 째로 말하기

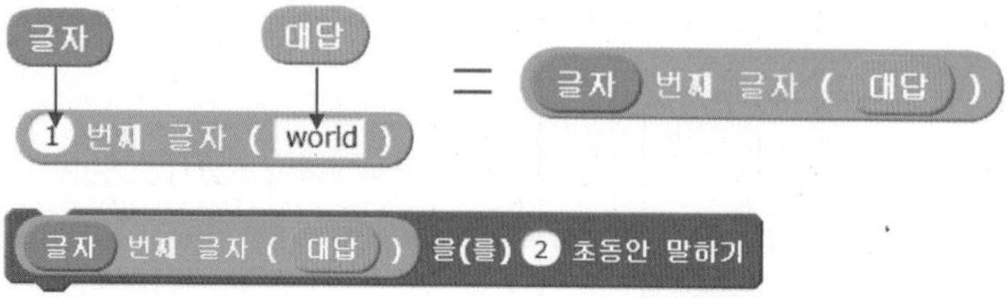

• 돌맹이 복제하기

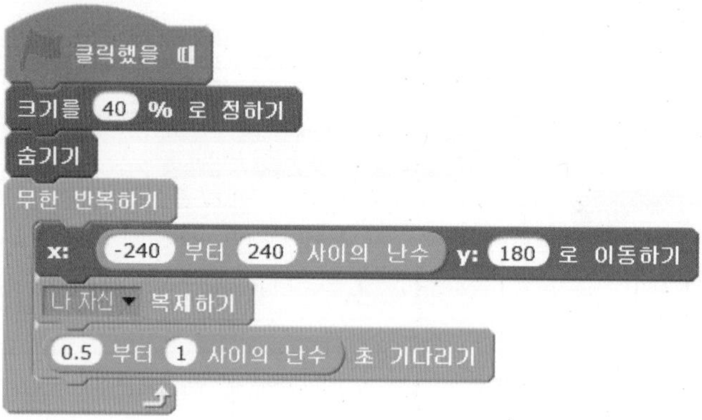

• 포춘쿠키 나타나기

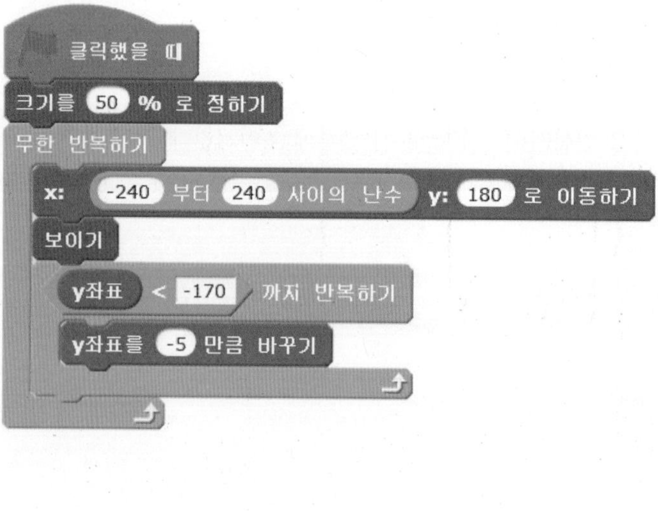

학습평가

1. 아래 스크립트에서 ❶ 번에 들어갈 알맞은 블록은 무엇인가?

   [힌트] 아래에서 사용된 변수 블록 중 [글자] 변수는 계속해서 숫자가 하나씩 증가하는
   변수이므로 변수의 초기값 지정을 위한 블록이 필요하다.

2. 아래 블록은 포춘쿠키 스프라이트의 코딩 블록이다. 강아지가 포춘쿠키를 받아 먹으면 '행운'
   점수를 '1'점씩 증가시키려면 어떤 블록이 필요한가?

① 색에 닿았는가?

② 가(이) 아니다

③ 마우스를 클릭했는가?

④ Dog1 ▼ 에 닿았는가?

3. 돌맹이를 임의로 반복해서 나타나게 하려고 한다. [(나 자신) 복제하기] 블록을 위치시켜야
하는 적절한 위치는 어디인가?

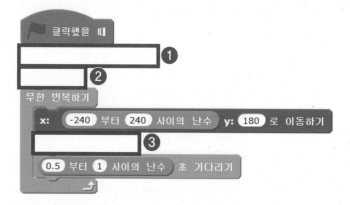

아날로그 시계 만들기
_연산블록

학습목표

- 연산 블록을 이용하여 약수를 구하고 리스트 블록을 이용하여 약수의 리스트를 작성할 수 있다
- 감지 블록의 시, 분, 초 블록과 연산블록을 결합하여 아날로그 시계를 제작할 수 있다

1. 약수 구하기

1) 약수란 무엇인가?

> **약수란**
> 어떤 수를 나누어 떨어지게 하는 수

- '1'은 모든 수의 약수이다.

- '6'은 1, 2, 3, 6으로 나누어 떨어지므로 6의 약수는 1, 2, 3, 6이다

- 약수를 구하기 위해서 수를 1씩 증가시키면서 나누어 나머지가 '0'이 되면 그 수는 약수이다

2) 약수 구하기 스토리보드

(1) 약수를 구하고 싶은 수를 묻고 기다리기

(2) 대답으로 얻은 수를 1부터 차례대로 나누어 본다

(3) 나눈 나머지가 '0'이면 약수 리스트에 저장한다

(4) 구한 약수를 하나씩 말한다.

3) 약수를 구하고 싶은 숫자 묻기

• [("약수를 구하고 싶은 수를 입력하세요") 묻고 기다리기] 블록을 이용한다.

• 질문에 대한 답은 [대답] 블록에 자동으로 저장된다.

• [[숫자] 변수]를 생성한다.

• [대답] 블록 저장 값을 [숫자] 변수에 저장한다.

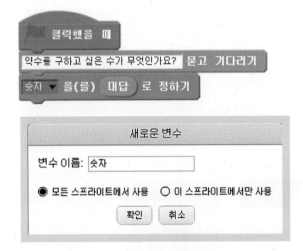

4) 숫자를 나누어 나머지가 '0'인지 체크하기

• 대답으로 얻은 숫자를 한 숫자씩 증가시키면서 나누어야 하기 때문에 [나누는수] 변수를 생성한다.

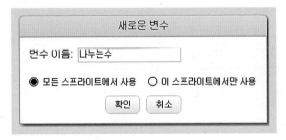

• 대답으로 얻은 [숫자] 변수 안에 저장된 수를 [나누는수]로 나눈다. 이때 '1'부터 나누도록 한다.

• 나눈 나머지가 '0'이면 약수이다

5) 약수를 나열할 리스트 만들기

• [약수리스트]를 작성하기 위해서 [약수리스트]라는 이름의 새로운 리스트를 생성한다.

• 나누어 떨어지는 수는 [약수 리스트]에 저장한다

• 계속해서 대답으로 얻은 [숫자] 변수 안에 저장된 숫자까지 1씩 증가시키면서 나누어 본다

6) 변수 값 초기화시키기

• [약수리스트] 블록의 초기화

리스트 값의 초기화는 변수 값의 초기화와는 조금 다르다.

변수는 보통의 경우 '0'으로 정하면 되지만 리스트의 경우 하나의 값이 아니라 여러 개

의 값이 저장되어 있기 때문에 모든 항목을 삭제해야 한다.

> **모두▼ 번째 항목을 약수리스트 ▼ 에서 삭제하기**

• [나누는 수]는 '1'로 초기화

[나누는 수]는 '0'으로 초기화하면 '0'으로 나누는 식이 만들어지므로 연산 상의 오류가

되 때문에 '1'로 초기화해야 한다.

> **나누는수 ▼ 을(를) 1 로 정하기**

7) 약수 말하기

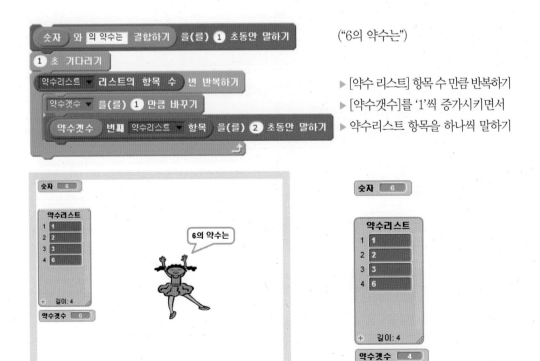

("6의 약수는")

▶ [약수 리스트] 항목 수 만큼 반복하기
▶ [약수갯수]를 '1'씩 증가시키면서
▶ 약수리스트 항목을 하나씩 말하기

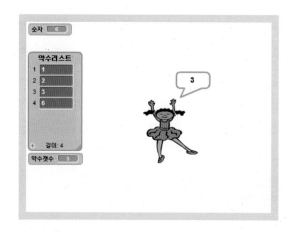

8) 전체 스크립트 보기

```
클릭했을 때
나누는수 ▼ 을(를) 1 로 정하기
약수갯수 ▼ 을(를) 0 로 정하기
모두▼ 번째 항목을 약수리스트 ▼ 에서 삭제하기
약수를 구하고 싶은 수가 무엇인가요? 묻고 기다리기
숫자 ▼ 을(를) 대답 로 정하기
숫자 번 반복하기
    만약 ( 숫자 나누기 나누는수 의 나머지 ) = 0 (이)라면
        나누는수 항목을 약수리스트 ▼ 에 추가하기
    나누는수 ▼ 을(를) 1 만큼 바꾸기
1 초 기다리기
숫자 와 의 약수는 결합하기 을(를) 1 초동안 말하기
1 초 기다리기
약수리스트 ▼ 리스트의 항목 수 번 반복하기
    약수갯수 ▼ 을(를) 1 만큼 바꾸기
    약수갯수 번째 약수리스트 ▼ 항목 을(를) 2 초동안 말하기
```

2. 소수 구하기

1) 소수란 무엇인가?

> **소수란**
> 1과 자신만의 수로 나누어 떨어지는 1보다 큰 양의 정수

$$2 = 1 \times 2$$

$$3 = 1 \times 3$$

$$7 = 1 \times 7$$

$$\vdots$$

$$19 = 1 \times 19$$

2, 3, 5, 7, 11, 13, 17, 19 … 등이 소수이다.

2) 소수 구하기 스토리보드

(1) 소수를 구하기 위해서는 나누어 떨어지는 개수가 '2'인지를 체크한다.

(2) 소수를 구하고 싶은 수를 묻고 기다리기 한다.

(3) 대답으로 얻은 수를 1부터 차례대로 나누어 본다

(4) 나눈 나머지가 '0'이 되는 수가 2개이면 소수이다

(5) 소수의 개수를 구한다

(6) [숫자], [나누는수], [개수] 변수를 생성한다

3) [숫자], [나누는수] 변수 생성

• 대답으로 얻은 수를 저장하기 위해 [숫자] 변수를 생성한다.

• 계속 나누어야 하므로 [나누는수] 변수도 생성한다.

4) 숫자를 '1'씩 증가키면서 나누기

• 대답으로 얻은 숫자를 [숫자] 변수에 저장한 후 [나누는수]로 나누어 나머지가 '0'이 되는 숫자를 구한다.

• 나머지가 '0'이 되는 숫자의 갯수를 세어야 하므로 [갯수] 변수를 생성한다.

❶ [숫자]에 있는 수를 [나누는수]로 나눈 나머지를 구한다.

❷ 나머지가 '0'이면 [갯수] 변수를 1씩 증가시킨다.

❸ 계속 [나누는수]를 1씩 증가시키며 나눈다.

❹ [나누는수]가 [숫자]보다 클 때까지 반복한다. 즉, 대답으로 얻은 숫자까지 나누어 본다.

5) 변수 초기화 시키기

[갯수], [나누는수] 변수는 계속 누적되기 때문에 변수를 초기화시켜야 한다.

▶ [갯수]는 '0'으로 정하기

▶ [나누는수]는 '1'로 정하기

▶ [대답]은 [숫자]에 저장하기

6) 소수인지 아닌지 말하기

나누어 나머지가 '0'인 숫자를 세는 [갯수] 변수 값이 '2'이면 [숫자] 변수 값은 소수이다.

[만약 ~(이)라면 ~아니면] 블록을 사용하여 두 가지 경우를 한꺼번에 코딩한다.

7) 전체 스크립트 보기

---

3. 아날로그 시계 만들기

아날로그 시계는 시계바늘이 움직이면서 시각을 가리키는 시계이다.

시침, 분침, 초침 등이 360도 원을 회전하면서 시각을 보여준다.

먼저, 각 시계바늘의 회전 각도를 구해야 한다.

현재의 시각은 [감지블록]에 있는 [현재 (초)], [현재 (분)], [현재 (시)] 블록을 이용한다.

1) 시계 배경 및 시계 바늘 스프라이트 만들기

❶ 이미지 에디터에서 시계 배경을 그린다

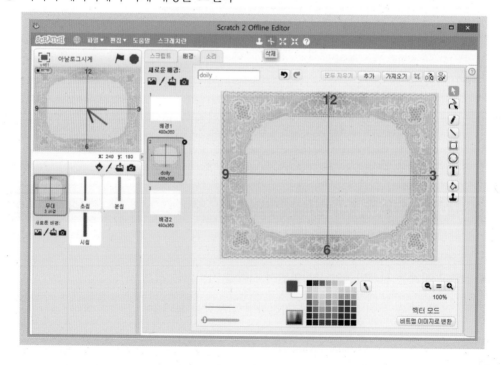

❷ 시침, 분침, 초침 그리기

이미지 에디터에서 초침을 하나 그린 후 2개 복제한다.

복제한 스프라이트는 색상을 바꾼 후 길이를 조금 줄여 스프라이트 이름을 '분침'으로 한다.

복제한 나머지 하나는 가장 짧게 길이를 줄이고 이름을 '시침'이라 정한다.

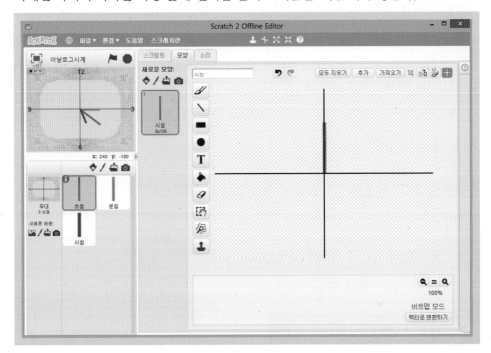

2) 초침 움직이기

초침은 총 360도를 60초로 나누어 회전한다. 즉, 초당 6도씩 돈다.

초침이 항상 12에서부터 각도만큼씩 회전해야 한다.

[( )도 방향보기] 블록을 이용해 현재 초침의 각도 방향을 정한다.

초침의 각도는 90 + (현재 '초')×6 이 된다.

✔ 초침 스크립트

초침의 회전 중심은 항상 (x:0 y:0)이다

3) 분침 움직이기

분침은 총 360도를 60분으로 나누어 회전한다. 즉 분당 6도씩 돈다.

분침이 항상 12에서부터 각도만큼씩 회전해야 한다.

[( )도 방향보기] 블록을 이용해 현재 분침의 각도 방향을 정한다.

분침의 각도는 90 + (현재 '분')×6 이 된다.

✔ 분침 스크립트

4) 시침 움직이기

시침은 총 360도를 12시간으로 나누어 회전한다. 즉, 시간당 30도씩 돈다.

또한 시침은 분침이 도는 만큼 30도 안에서 분 수 만큼 더 회전한다.

시침이 항상 12에서부터 각도만큼 회전해야 한다.

[( )도 방향보기] 블록을 이용해 현재 시침의 각도 방향을 정한다.

시침의 각도는 90 + (현재 '시')×30 + (현재 '분')×0.5 이 된다.

(0.5는 한 시간이 30도이고 30도를 60분에 나눠서 움직이게 되므로 30/60을 소수로 표현한 것이다)

📝 시침 스크립트

5) 디지털 시각 말하기

- frog 스프라이트를 추가하기
- "21:22:09" 형태로 말하기

디지털 시각은 감지블록 카테고리에 있는 [현재 시 ▼] 블록에서 현재 시각을 얻어온다.

연산블록 카테고리에 있는 [hello 와 world 결합하기] 블록으로 시각을 구성한다.

형태블록 카테고리에 있는  블록으로 시각을 말한다.

[초록깃발을 클릭했을 때] 이벤트 블록으로 스크립트를 실행시키면 아래와 같이 매번 실행 버튼을 클릭할 때만 시간을 나타내준다.

이를 보완하기 위해서 [(스페이스)키를 눌렀을 때] 블록으로 대체할 수 있다.

아날로그 시계가 계속 돌아가면서 (스페이스) 버튼을 클릭할 때마다 디지털 시각을 알려주게 해서 시각을 원하는 시간에 바로 바로 볼 수 있다.

학습정리

1. 아날로그 시계

[초침]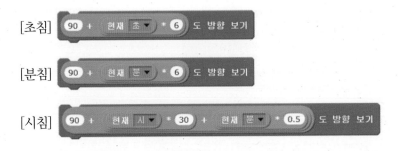

[분침]

[시침]

2. 소수 구하기

3. 약수 구하기

학습평가

1. 약수를 구하는 스크립트이다. 변수 초기화 값이 '1'이어야 하는 변수는 무엇인가?

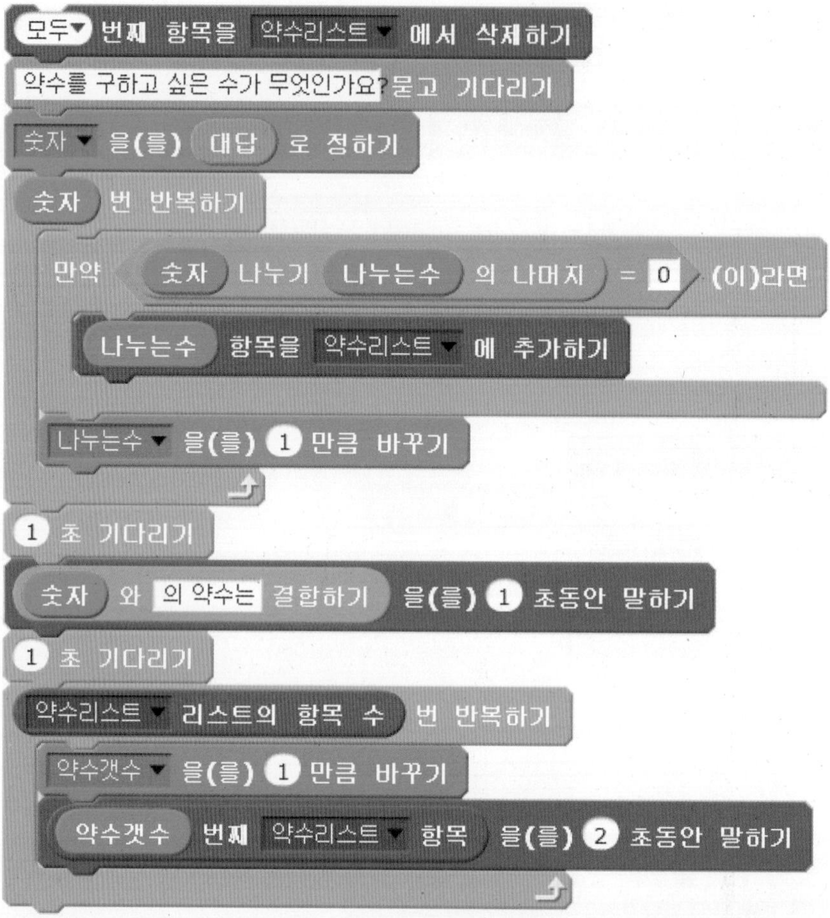

① [대답]

② [숫자]

③ [나누는수]

④ [약수리스트]

2. 소수를 구하는 스크립트이다. 나누어 나머지가 '0'인 숫자들의 개수는 [갯수] 변수에 저장한다. 빈칸에 알맞은 숫자는?

3. 아날로그시계를 만드는 예제의 일부이다. 시침의 각도를 완성하기 위해 빈칸에 들어갈 숫자는 얼마인가?

정답

1. ③   2. 2   3. 0.5

다양한 도형 그리기
_펜 블록

학습목차

1. 펜 블록 활용하기
2. 정 다각형 그리기
3. 삼각형 방사능 그리기
4. 별 모양 그리기
5. 마우스로 그림 그리기

학습목표

- 펜 블록을 이용하여 정삼각형, 정 사각형, 정 오각형 등을 그릴 수 있다
- 변수 블록으로 길이를 조절하고 각도를 변경하면서 방사능 모양을 그릴 수 있다
- 감지 블록과 결합하여 마우스로 자유롭게 그림을 그릴 수 있다

1. 펜 블록 활용하기

1) 펜 블록의 종류

펜 블록의 종류	블록의 의미
지우기	펜이 작업한 모든 것을 지워준다
도장찍기	복사본을 만든다
펜 내리기	그림을 그릴 수 있게 한다
펜 올리기	그림을 그릴 수 없게 한다
펜 색깔을 ■ (으)로 정하기	펜의 색깔을 정한다
펜 색깔을 10 만큼 바꾸기	펜의 색깔을 숫자만큼 바꾼다
펜 색깔을 0 (으)로 정하기	펜의 색깔을 지정한 숫자로 바꾼다
펜 명암을 10 만큼 바꾸기	펜의 명암을 조절한다
펜 굵기를 1 만큼 바꾸기	펜 굵기를 조절한다

2) 펜의 색깔 지정하기

스크래치에서 사용할 수 있는 펜의 색깔 값은 '0'부터 '200'까지이다.

색깔은 Red, Green, Blue 세 가지 색상의 혼합으로 이루어진다.

예제 13.1
색상 바 그리기
아래 이미지에서 보는 것처럼 색상이 총 12단계로 구분되어 나타나는 색상 바를 코딩 해보자.
– 펜 굵기는 30으로 정한다.

(Red)   (Green)   (Blue)

▌코딩하기

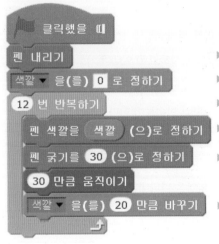

▶ 그림을 그리기 위해 [펜 내리기]한다.

▶ [색깔] 변수를 생성하고 '0'으로 초기화한다.

▶ 12단계로 그리기 위해 아래 반복문을 12번 반복한다.

▶ 펜 색깔을 [색깔] 변수로 정한다.

▶ 펜 굵기를 (30)으로 정한다.

▶ 200까지의 색상을 나타내기 위해 (20)만큼씩 색을 바꾼다.

* 색깔을 (20)씩 바꾸는 이유는 10단계까지는 나타낼 수 있는 모든 색깔이 그려지고 나머지 2 단계는 다시 색깔이 반복되고 있음을 보여주기 위함이다.
  즉, 11단계부터 빨간색이 다시 시작되고 있는 것을 볼 수 있다.

3) 펜의 명암 지정하기

스크래치에서 사용할 수 있는 명암 값은 '0'부터 '100'까지이다.

> 예제 13.2
> 명암 바 그리기
> 아래 이미지에서 보는 것과 같이 10단계별로 명암이 달라지는 명암 바를 그리시오.
> – 펜 굵기는 '50'으로 정한다.

(0)   (100)

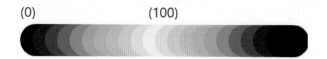

▌코딩하기

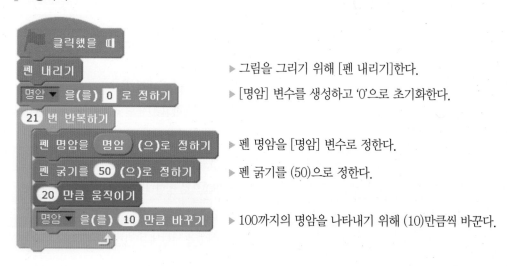

▶ 그림을 그리기 위해 [펜 내리기]한다.
▶ [명암] 변수를 생성하고 '0'으로 초기화한다.

▶ 펜 명암을 [명암] 변수로 정한다.
▶ 펜 굵기를 (50)으로 정한다.

▶ 100까지의 명암을 나타내기 위해 (10)만큼씩 바꾼다.

2. 정 다각형 그리기

모든 다각형의 기본은 삼각형이다. 삼각형을 그리는 법을 배우면 다른 다각형도 그리기
쉬워진다.

사각형은 삼각형이 두 개 합쳐졌고 오각형은 삼각형이 세 개가 합쳐져서 이루어진 도형이다.

1) 정삼각형 그리기

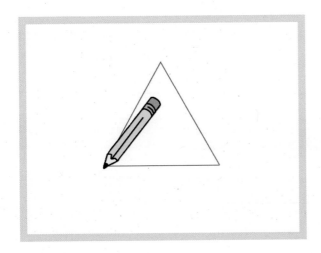

(1) 회전 각도 알기

정삼각형을 그리기 위해서는 정삼각형 한 외각의 크기를 알아야 한다.

(펜이 그림을 그리는 원리를 잘 파악해야 한다. 삼각형을 그릴 때 밑변을 그린 후 왼쪽으
로 꺾어질 때 정삼각형 내각이 60도이므로 외각인 120도로 꺾어서 그리게 된다.

즉, 이 경우 펜의 회전 각도를 120도씩 회전하면서 그림을 그려야 한다는 것을 먼저 알
아야 한다.)

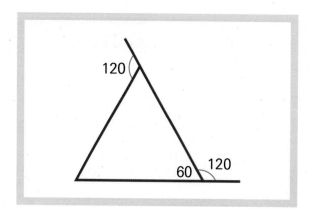

(2) 펜의 중심 잡기

펜으로 그림을 그릴 때 중심점을 중심으로 그림이 그려지게 되므로 반드시 스프라이트의
중심점을 정확히 알고 그려야 한다.

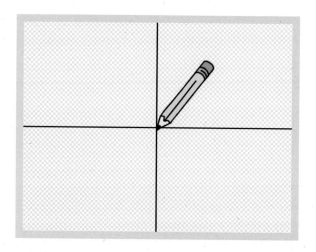

(3) 펜 방향 보기

(연필)	90도 방향보기	(연필)	−90도 방향보기
(연필)	0도 방향보기	(연필)	180도 방향보기

(4) 펜 내리기/펜 올리기/ 펜 지우기

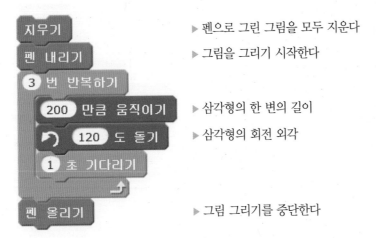

▶ 펜으로 그린 그림을 모두 지운다

▶ 그림을 그리기 시작한다

▶ 삼각형의 한 변의 길이

▶ 삼각형의 회전 외각

▶ 그림 그리기를 중단한다

2) 정사각형 그리기

정사각형을 그릴 때에도 펜의 회전 각도를 구하는 방법과 펜의 중심 잡기 등은 정삼각형 그리기와 같다.

정사각형의 한 내각이 90도 이므로 회전 외각은 90도이다.

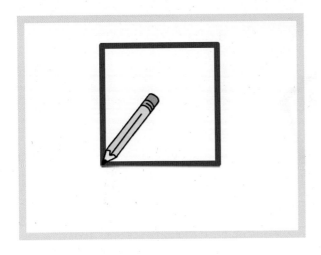

지우기

펜 내리기

4 번 반복하기   ▶ 사각형이므로 4번 반복

    펜 굵기를 10 (으)로 정하기

    200 만큼 움직이기   ▶ 사각형 한 변의 길이

    ↺ 90 도 돌기   ▶ 사각형 회전 외각

    1 초 기다리기

펜 올리기

3) 정오각형 그리기

정오각형의 오각의 합은 540도이다.

(왜냐하면, 정오각형은 삼각형 3개가 합쳐져서 생성되기 때문이다.)

정오각형의 한 내각은 108도이고 따라서, 한 외각은 72도이다.

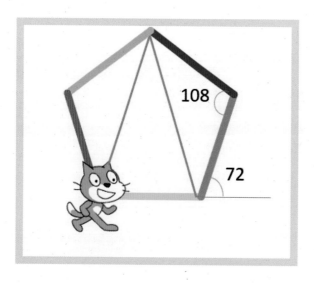

예제 13.3

대답으로 얻은 숫자로 색상을 정해 정오각형 그리기

숫자를 사용자에게 묻고 대답으로 얻은 숫자로 색깔을 정한다.

정오각형의 한 변의 색깔을 모두 다른 색깔로 그리도록 한다.

한 변의 길이는 150으로 정한다.

(1) [색깔] 변수를 생성한다.

(2) 코딩하기

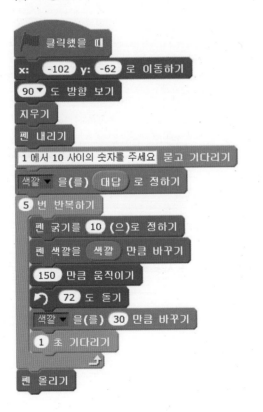

▶ 숫자를 묻고 기다린다

▶ [대답]을 [색깔] 변수에 저장한다.

▶ 한 변의 색깔을 30만큼씩 5번 바꾼다.

3. 삼각형 방사능 그리기

1) 삼각형 방사능 그리기 스토리보드

(1) 시작하는 첫 꼭지점의 방향을 120도씩 돌리면서 삼각형을 그린다.

(2) 그 다음 삼각형은 같은 꼭지점에서 **길이**를 좀 더 길게 해서 삼각형을 그린다.

(3) 한쪽의 삼각형 군이 다 완성되면 펜을 120도 회전시킨다.

(4) 1, 2번을 반복해서 삼각형을 그린다.

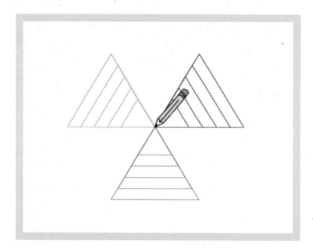

2) 길이가 다른 삼각형 그리기

(1) [길이] 변수를 만든다

매번 삼각형의 길이가 달라져야 하기 때문에 [길이] 변수를 사용해야 한다.

(2) 길이를 20만큼 씩 더 길게 5개의 삼각형을 그린다

▌ 정삼각형 군

▌ 정삼각형

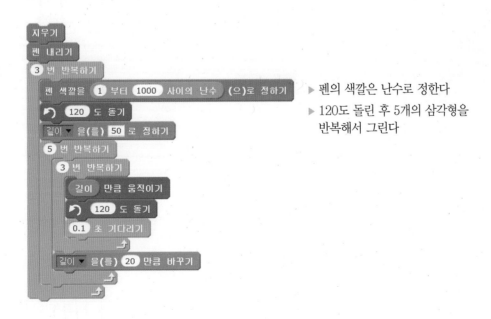

3) 120도 돌려 방사능 그리기

▶ 펜의 색깔은 난수로 정한다

▶ 120도 돌린 후 5개의 삼각형을 반복해서 그린다

4) 펜의 초기화

❶ 펜의 크기 초기화

❷ 펜의 위치 초기화

❸ 펜의 방향 초기화

```
클릭했을 때
크기를 50 % 로 정하기
x: 0 y: 0 로 이동하기
90 ▼ 도 방향 보기
```

5) 삼각형 방사능 전체 스크립트

4)번 블록을 3)번 블록 위로 쌓는다.

```
클릭했을 때
크기를 50 % 로 정하기
x: 0 y: 0 로 이동하기
90 ▼ 도 방향 보기
지우기
펜 내리기
3 번 반복하기
    펜 색깔을 1 부터 1000 사이의 난수 (으)로 정하기
    ↺ 120 도 돌기
    길이 ▼ 을(를) 50 로 정하기
    5 번 반복하기
        3 번 반복하기
            길이 만큼 움직이기
            ↺ 120 도 돌기
            0.1 초 기다리기
        길이 ▼ 을(를) 20 만큼 바꾸기
```

4. 별 모양 그리기

1) 별 모양 그리기 스토리보드

하나의 별을 먼저 그린다.

여러 개의 별이 임의의 위치에 그려져야 한다.

펜이 이동할 때는 이동하는 선이 나타나지 않아야 한다.

별은 다양한 색깔로 나타난다.

2) 별 그리기

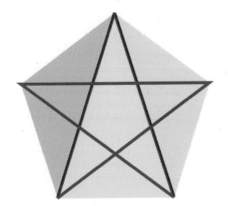

별의 한 꼭지 각도는 36가 된다.

별 모양의 꼭지점을 연결하면 오각형이 되고 따라서 별 모양의 한 꼭지각은 36이다.
(정오각형의 외각 구하기 참조)

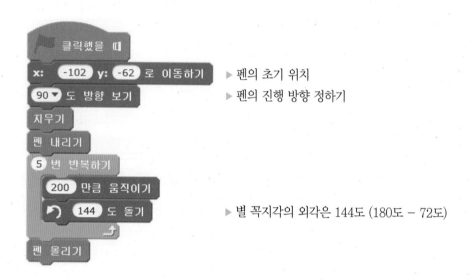

▶ 펜의 초기 위치

▶ 펜의 진행 방향 정하기

▶ 별 꼭지각의 외각은 144도 (180도 − 72도)

3) 별 도장찍기

하나의 별을 그리고(도장찍기) 임의의 위치로 이동한다

난수로 별 이동 위치를 조절한다

이동할 때는 선이 그려지지 않아야 한다

도장찍기
횟수를 지정

10 번 반복하기
　x: -200 부터 200 사이의 난수 y: -150 부터 150 사이의 난수 로 이동하기
　펜 내리기
　　5 번 반복하기
　　　50 만큼 움직이기
　　　144 도 돌기
　펜 올리기
　　0.5 초 기다리기

난수로
위치를 조절

이동할 때는
선이 안나옴

4) 별 색깔 도장찍기

별 도장찍기 스크립트에서 색깔만 매번 바꾸면 된다.

색깔을 바꾸는 블록은 별을 그리기 시작하는 시점에 바꾸도록 한다.

클릭했을 때
x: -102 y: -62 로 이동하기
90 도 방향 보기
지우기
10 번 반복하기
　x: -200 부터 200 사이의 난수 y: -150 부터 150 사이의 난수 로 이동하기
　펜 내리기
　펜 색깔을 30 만큼 바꾸기
　　5 번 반복하기
　　　50 만큼 움직이기
　　　144 도 돌기
　펜 올리기
　　0.5 초 기다리기

별을 그리기
시작할 때
펜 색깔을 바꾼다

5. 마우스로 그림 그리기

1) 마우스를 이동하면서 그리기

마우스를 클릭하지 않고 이동할 때에만 그림이 그려지도록 한다.

마우스 포인터는 마우스를 클릭하지 않고 포인팅할 때 발생한다.

[펜 내리기]를 하여 그림을 그리기 시작한다.

마우스포인터에 닿았는지를 계속 체크해야 하므로 [무한 반복문]안에 넣는다.

스프라이트에 마우스포인터를 포인팅하고 천천히 드래그하면 그림이 그려지도록 [(마우스포인터 위치로 이동하기] 블록을 사용한다.

클릭했을 때
지우기
펜 내리기
펜 굵기를 10 (으)로 정하기
무한 반복하기
　만약　마우스 포인터 ▼ 에　닿았는가?　(이)라면
　　마우스 포인터 ▼ 위치로　이동하기

[(마우스 포인터)에 닿았는가?] 블록을 조건으로 사용한다.

2) 마우스로 클릭&드래그하면서 그리기

마우스를 클릭&드래그 할 때에만 그림이 그려지도록 한다.

그림을 그리는 행동이 같으므로 위의 예제 블록에서 조건만 [마우스를 클릭했는가?] 블록으로 바꾼다.

클릭했을 때
지우기
펜 내리기
펜 굵기를 10 만큼 바꾸기
무한 반복하기
　만약　마우스를 클릭했는가?　(이)라면
　　마우스 포인터 ▼ 위치로　이동하기

[마우스를 클릭했는가?] 블록을 조건으로 사용한다.

학습정리

1. 정삼각형

```
지우기
펜 내리기
3 번 반복하기
    200 만큼 움직이기
    120 도 돌기
    1 초 기다리기
펜 올리기
```

2. 정사각형

```
지우기
펜 내리기
4 번 반복하기
    펜 굵기를 10 (으)로 정하기
    200 만큼 움직이기
    90 도 돌기
    1 초 기다리기
펜 올리기
```

3. 정오각형

```
지우기
펜 내리기
1 에서 10 사이의 숫자를 주세요 묻고 기다리기
색깔 ▼ 을(를) 대답 로 정하기
5 번 반복하기
    펜 굵기를 10 (으)로 정하기
    펜 색깔을 색깔 만큼 바꾸기
    150 만큼 움직이기
    72 도 돌기
    색깔 ▼ 을(를) 30 만큼 바꾸기
    1 초 기다리기
펜 올리기
```

학습평가

1. 아래 스크립트는 정삼각형을 그리는 스크립트이다. 빈 칸에 알맞은 숫자를 쓰시오.

```
지우기
펜 내리기
[    ] 번 반복하기
    200 만큼 움직이기
    ↺ [    ] 도 돌기
    1 초 기다리기
펜 올리기
```

2. 질문에 대한 대답으로 색깔을 정해 정오각형을 그리는 스크립트이다. 오른쪽 보기에 있는
   스크립트가 들어갈 적절한 곳은?

[보기]

```
색깔 ▾ 을(를) 대답 로 정하기
```

```
▶ 클릭했을 때
①
지우기
펜 내리기
1 에서 10 사이의 숫자를 주세요 묻고 기다리기
②
5 번 반복하기
③
    펜 굵기를 10 (으)로 정하기
    펜 색깔늘 색깔 만큼 바꾸기
    150 만큼 움직이기
    ↺ 72 도 돌기
    색깔 ▾ 을(를) 30 만큼 바꾸기
    1 초 기다리기
④
펜 올리기
```

3. 삼각형 방사능 모양을 그리는 예제이다. 빈 칸에 들어갈 알맞은 숫자는 무엇인가?

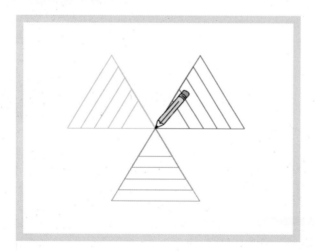

백설공주 애니메이션
_소리블록

학습목표

• 소리 블록을 이용하여 다양한 소리, 다양한 악기 등을 연주할 수 있다
• 피아노 음을 이용해서 멜로디언을 만들고 키보드 건반으로 노래를 연주할 수 있다
• 백설공주 스토리로 재미있는 애니메이션을 제작할 수 있다

1. 소리 블록 활용하기

1) 소리 블록의 종류

소리 블록의 종류	블록의 의미
야옹 ▼ 재생하기	소리를 재생한다
야옹 ▼ 끝까지 재생하기	소리를 끝까지 재생한다
모든 소리 끄기	재생되는 모든 소리를 끈다
0.25 박자 쉬기	박자를 센다
1 ▼ 번 악기로 정하기	악기를 정한다
음량을 -10 만큼 바꾸기	소리의 크기를 상대적으로 크게 또는 작게 바꾼다
음량을 100 % (으)로 정하기	소리의 크기를 퍼센트(%)로 정한다
빠르기를 20 만큼 바꾸기	소리의 빠르기를 상대적으로 빠르거나 느리게 바꾼다
빠르기를 60 bpm 으로 정하기	소리의 빠르기를 bpm으로 정한다
60 ▼ 번 음을 0.5 박자로 연주하기	선택한 음을 원하는 박자로 연주한다
1 ▼ 번 타악기를 0.25 박자로 연주하기	선택한 타악기를 원하는 박자로 연주한다

2) 소리 블록 옵션 활용

❶ **피아노 건반 음**을 이용해서 피아노 연주를 할 수 있다

피아노 건반 음은 도가 (C) 또는 숫자 60 으로 사용된다.

피아노 건반 이름을 몰라도 건반을 선택할 때는 숫자 콤보를 누르면 피아노 키보드가
나타나므로 보면서 건반을 선택할 수 있다.

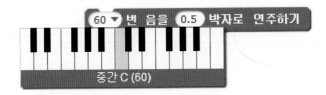

❷ 다양한 **타악기** 소리를 이용해서 연주를 할 수 있다

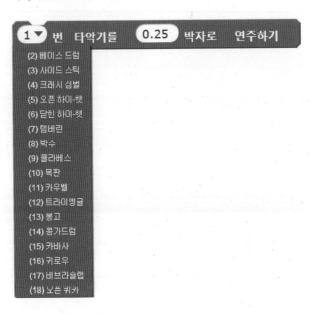

❸ 다양한 **악기**를 선택해서 연주를 할 수 있다

3) 저장소에서 소리 선택하기

• [소리] 저장소에서 다양한 소리들을 활용할 수 있다

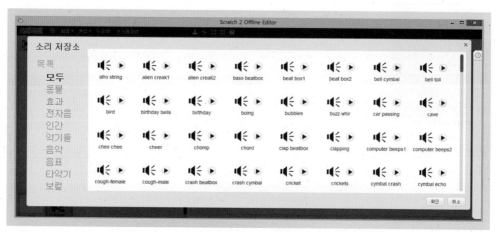

4) 소리 편집하기

(1) 소리의 복사, 자르기, 삭제 등을 자유롭게 할 수 있다

전문 오디오 편집기가 아니므로 편집이 단순하다.

원하는 부분을 마우스로 드래그해서 블록으로 잡은 후 [편집] 메뉴에서 원하는 작업을 한다.

복사, 붙이기, 자르기, 삭제 등의 작업을 할 수 있다.

(2) 페이드인, 페이드아웃, 음량 조절을 할 수 있다

페이드인은 소리가 처음 시작할 때 작게 시작해서 점점 커지는 효과이다.

페이드아웃은 소리가 끝날 때 점점 작아지는 효과이다.

페이드 효과를 수기를 원하는 부분을 느래ㅡㄴ해서 블록으로 잡은 후에 [효과]에서 원하는 효과를 선택한다.

아래 그림을 보면, 좌측에는 페이드인 효과가 우측에는 페이드 아웃 효과가 적용된 것을 볼 수 있다.

2. 멜로디언 제작하여 연주하기

1) 볼륨 조절 가능한 멜로디언 스토리보드

- 이미지 에디터에서 비트맵 모드로 피아노 하얀 건반과 검은 건반을 각각 그린다.

- 하얀 건반과 검은 건반 각각에 맞는 피아노 음을 선택해준다.

- 건반을 누르는 모습이 보이도록 하나의 건반 스프라이트에 색깔이 다른 모양 두 개를 만든다.

- 건반의 이름을 각각 입력한다.

- 사용자가 볼륨을 조절할 수 있게 코딩한다.

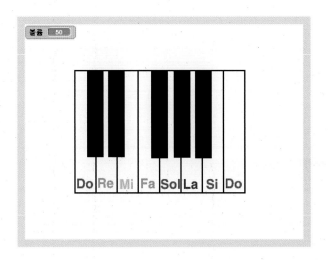

2) '도' 건반 스프라이트 제작하기

• 이미지에디터에서 사각형 도구로 선만 선택한 후 하얀 건반을 그린다.

• 건반 각각에 계명을 입력한다.

• 모양을 복사해서 색상을 바꾼다.
   (건반을 클릭했을 때 색상을 변하게 하기 위함이다)

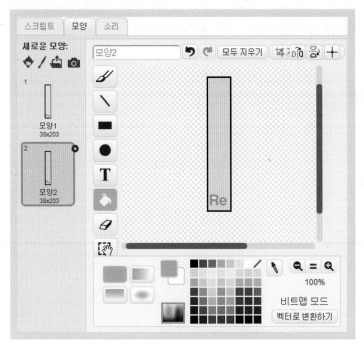

3) '도' 소리 내기

▶ ['a'키를 눌렀을 때] 아래 블록들을 실행한다

▶ [볼륨] 변수를 만들어 소리를 조절한다

▶ 'a' 키가 눌리면 건반 색상 바꾸기(모양2로 바꾸기)

▶ '도' 음(60번)을 선택하기

▶ 다시 원래 모양(모양1)으로 돌아오기

[볼륨] 변수 만들기

[데이터] - [변수 만들기]에서 '볼륨' 변수를 만든다.

☑ (도)건반 음 선택하기

숫자 버튼을 클릭하면 아래 그림처럼 피아노 건반이 나오고 해당되는 건반을 선택하면 된다.

☑ 건반 위치 초기화

실행창에서 마우스로 드래그하면 스프라이트들이 이동할 수 있으므로 프로젝트가 시작
될 때 원래 위치에 있도록 초기값을 준다.

4) 나머지 하얀 건반 만들기

(1) '도' 건반 복제하기

• '도' 건반 스프라이트를 **복사**(스크립트도 함께 복사됨)한 후 계명을 입력한다

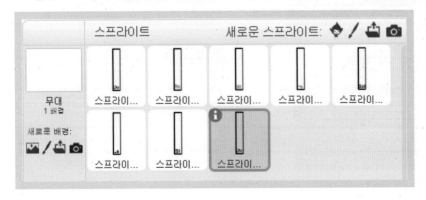

- 복사한 스프라이트를 피아노 건반 모양에 맞게 나란히 나열해준다.
  나열한 후 정렬이 끝나면 각 위치값을 초기값으로 사용한다.

- 키보드 키와 각 건반에 맞는 **음 번호만** 바꿔주면 된다. (키보드 키는 피아노를 치기 쉽도록 손가락이 자연스럽게 올라가는 자리 키를 사용했다)

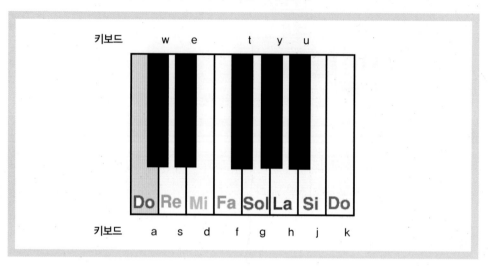

(2) 하얀 건반 스크립트 모두 보기

❶ [도] 60

(a)키와 60번 선택

❷ [레] 62

(s)키와 62번 선택

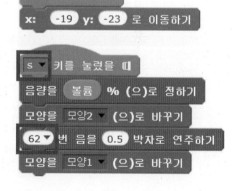

❸ [미] 64

(d)키와 64번 선택

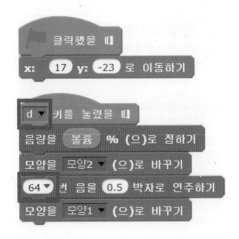

❹ [파] 65

(f)키와 65번 선택

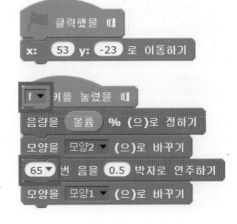

❺ [솔] 67

(g)키와 67번 선택

❻ [라] 69

(h)키와 69번 선택

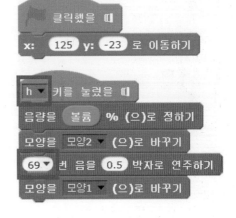

❼ [시] 71

(j)키와 71번 선택

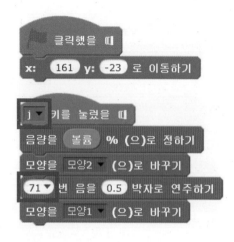

❽ [도] 72

(k)키와 72번 선택

5) 검은 건반 스프라이트 제작하기

• 이미지에디터에서 검은 건반을 그린다

• [모양]에서 검은 건반을 복사한 후 색상을 바꾼다
  (건반을 클릭했을 때 색상을 변하게 함)

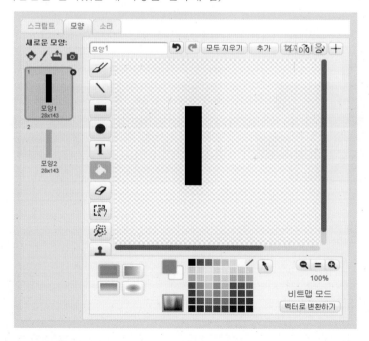

• 모두 다섯 개의 검은 건반을 그린다

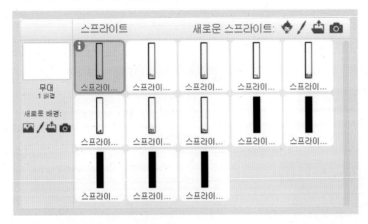

• 검은 건반 스프라이트를 복사한 후 아래와 같이 피아노의 제 위치에 나열한다

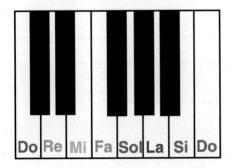

6) 검은 건반 소리 내기

• 검은 건반 스프라이트를 선택한 후 반음 처리한 음으로 선택한다.

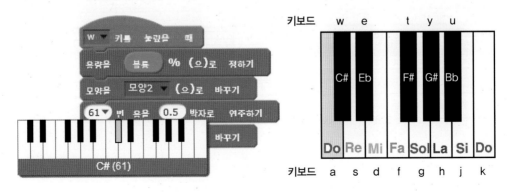

☑ [C#] 61번 선택

(w)키와 61번 선택

☑ [Eb] 63번 선택

(e)키와 63번 선택

☑ [F#] 66번 선택

(t)키와 66번 선택

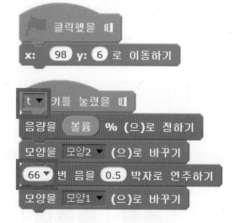

☑ [G#] 68번 선택

(y)키와 68번 선택

■ [Bb] 70번 선택

　(u)키와 70번 선택

7) 볼륨 조절하기

• [볼륨] 변수 초기값은 50으로 정한다

• 아래 방향키를 누르면 볼륨을 1씩 감소시키고 위 방향키를 누르면 볼륨을 1씩 증가시킨다

• 만일 볼륨이 0보다 작게 되면 다시 0으로 정한다(볼륨이 0에서 더 내려가지 않도록 함)

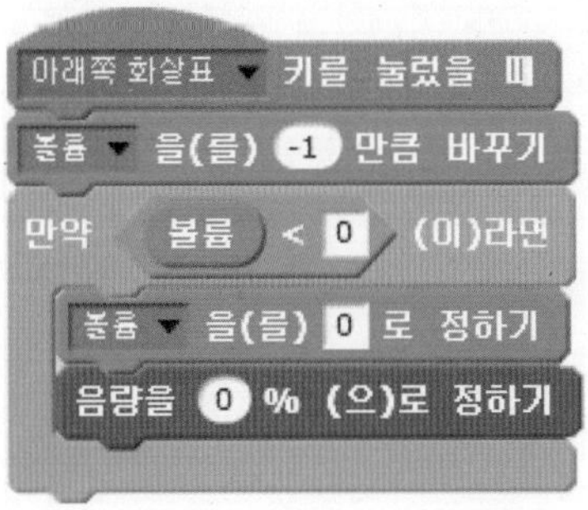

• 만일 볼륨이 100보다 크게 되면 다시 볼륨을 100으로 정한다.(볼륨이 100 이상 오르지 않도록 함)

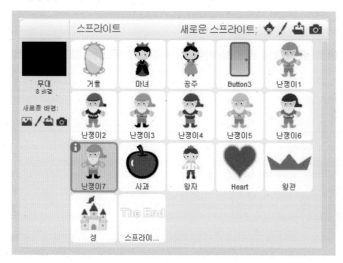

3. 백설공주 애니메이션 제작하기

1) 스프라이트 추가

• 백설공주 등장인물(공주, 왕자, 마녀, 일곱 난쟁이)및 소품 스프라이트를 [파일 업로드 하기]에서 추가한다. (이미지는 교재에서 제공하는 웹하드에서 다운로드 받을 수 있다)

• Apple, 거울은 [저장소]에서 추가한다.

2) 배경 추가

장면마다 필요한 배경을 [저장소]에서 추가한다

Castle3, Castle4, winter-lights, tree, flower bed 배경 등을 [저장소]에서 선택한다.

나머지 배경은 이미지 에디터에서 원하는 배경색을 칠해 사용한다.

3) 백설공주 스토리보드

백설공주 스토리는 전 세계 명작 동화 중의 하나이다. 그 스토리를 간략화시키고 왕자가 신부를 찾기 위해 거울에게 물어보는 해프닝을 첨삭하여 애니메이션을 제작하였다.

동화 애니메이션을 만들 때에 제일 중요한 것은 스크래치에서 제작 가능한 방법과 스토리를 잘 매칭 시킬 수 있도록 스토리를 간략화시키는 작업이 제일 중요하다.

스토리를 어렵고 복잡하게 만들면 장면들이 너무 많아 코딩 작업에 오랜 시간이 걸리기 때문이다.

백설공주 애니메이션은 지금까지의 내용을 복습하고 스토리를 완성한다는데 큰 의미가 있다.

■ 1화: 마녀와 거울

마녀가 거울에게 누가 제일 예쁜지 묻는다

■ 2화: 마녀의 독사과 계획

백설공주를 죽이기 위해 마녀가 독 사과를 투하하기로 결심한다.

■ 3화: 난쟁이 등장

백설공주는 난쟁이들과 함께 생활하고 있다.

■ 4화: 독 사과 투하

마녀가 독사과를 투하하고 백설공주는 독사과를 먹고 쓰러진다.

■ 5화: 왕자 등장

이웃나라 왕자가 결혼 할 상대를 찾기 위해 거울에게 누가 제일 예쁜지를 묻고 백설공주를 찾아 나선다.

■ 6화: 공주와의 해피 엔딩

왕자의 입맞춤으로 백설공주는 살아나고 왕자와 공주는 행복하게 살았다.

4) 장면 스크립트 작성

백설공주 애니메이션은 총 6화로 구성했지만 각 장면 안에 여러 장면들이 들어있다.

장면과 장면이 바뀌는 방법은 [방송하기] 블록을 사용했다.

장면의 코딩 마지막에 [방송하기] 블록이 있고 다음 장면을 시작할 때는 [(방송하기)를 받았을 때] 블록으로 시작한다.

장면마다 등장하는 인물이 다르므로 그 때 그때 [보이기], [숨기기] 블록을 잘 사용해야 한다.

애니메이션의 특징은 게임과는 다르게 반복문보다는 순차문 위주로 진행된다. 게임은 반복적인 키 누름이나 클릭, 반복적인 조건 체크 등이 주요 요소이지만 애니메이션은 스토리가 하나씩 진행되므로 주로 순차문 방식으로 코딩한다.

1화　마녀와 거울

마녀가 거울을 보고 이 세상에서 누가 제일 예쁜지 묻는다.

거울은 백설공주라고 답한다.

❶ 등장 스프라이트: 마녀, 거울, 공주

❷ 마녀가 거울에게 누가 제일 예쁜지 묻기

마녀 스프라이트 선택

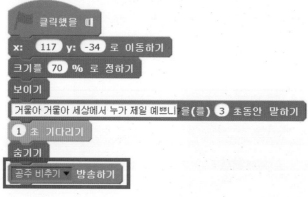

▶ 위치 초기화
▶ 초기 크기 조절
▶ 마녀 나타나기
▶ 거울에게 말하기

▶ 사라지기
▶ [(공주비추기) 방송하기]로
  거울 동작 호출하기

❸ 거울이 점점 커지면서 나타나기

거울 스프라이트 선택

[(공주비추기) 방송하기]로 거울을 호출한다

역동적인 동작을 가미하기 위해 거울을 클로즈업 시킨다

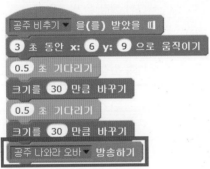

▷ [(공주 비추기)방송하기]를 받고 실행

▷ 거울의 클로즈업 동작
▷ 0.5초 간격으로 크기를 키운다

▷ [(공주 나와라 오버) 방송하기]로 공주를 호출

❹ 공주 비추기

공주 스프라이트를 선택한다.

[(공주 나와라 오버)방송하기]를 받고 공주를 등장시킨다.

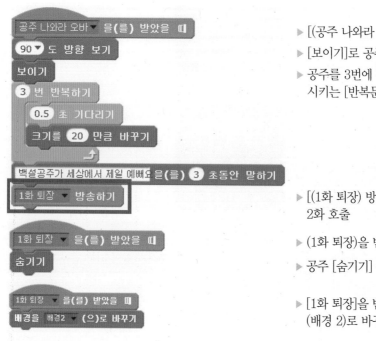

▶ [(공주 나와라 오버)를 받았을 때]

▶ [보이기]로 공주 등장

▶ 공주를 3번에 걸쳐 20씩 클로즈업 시키는 [반복문] 사용

▶ [(1화 퇴장) 방송하기]로 1화 종료, 2화 호출

▶ (1화 퇴장)을 받았을 때

▶ 공주 [숨기기]

▶ [1화 퇴장]을 받았을 때 배경을 (배경 2)로 바꾸기

2화　　**마녀의 독 사과**

마녀

• 배경이 Castle4로 바뀐다

• 마녀가 나타나 공주에게 독사과를 먹이겠다고 생각한다

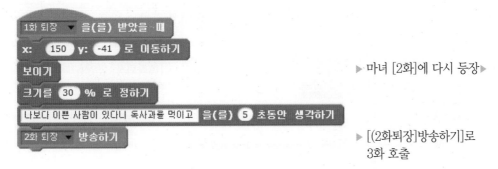

▶ 마녀 [2화]에 다시 등장▶

▶ [(2화퇴장)방송하기]로
   3화 호출

| 3화 | 난쟁이 등장 |

배경이 winter-lights로 바뀐다.

난쟁이들이 일터로 일을 나간다.

재미를 더하기 위해 난쟁이들이 차례 대로 굽이 진 길을 따라 걷는 동작이 나온다.

색깔별로 다른 난쟁이들을 하나씩 클로즈업 시킨다.

❶ 공주가 난쟁이들을 배웅한다.

공주

3화가 시작되면서 공주가 난쟁이들에게 일 열심히 하고 오라고 말을 한다.

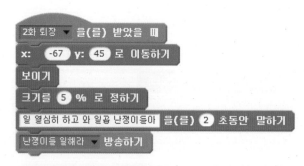

▶ [(2화퇴장) 받았을 때] 블록으로 3화 시작

▶ 공주 보이기

▶ [(난쟁이들 일해라) 방송하기]로 난쟁이 호출

❷ 난쟁이들이 굽이진 길을 걸어나간다.

난쟁이1

7명의 난쟁이들의 스크립트가 거의 같다.

난쟁이 1 스크립트를 완성한 후 복사해서 사용한다.

스크립트를 복사한 후 난쟁이가 나오는 순서를 정확하게 하기 위해 [(~ 번째) 물러나기], [(~초) 기다리기] 등의 순서만 바꿔준다.

난쟁이들의 움직이는 좌표는 같은 길을 같은 방식으로 걷기 때문에 모두 같다.

다만 두 번째 난쟁이는 1초, 세 번째 난쟁이는 2초, 네 번째 난쟁이는 3초, 다섯 번째 난쟁이는 4초, 여섯 번째 난쟁이는 5초, 일곱 번째 난쟁이는 6초 기다렸다 나타나야 한다.

• 난쟁이 1

클릭했을 때
숨기기

> ▶ 필요한 장면에서만 나타나야 하므로
  애니메이션이 시작되면 처음엔 모습을
  숨겨야 한다.
> ▶ [(난쟁이들 일해라)를 받았을 때] 이벤트 시작

난쟁이들 일해라 ▼ 을(를) 받았을 때
크기를 5 % 로 정하기
x: -91 y: 38 로 이동하기
보이기
1 번째로 물러나기
3 초 동안 x: 43 y: 24 으로 움직이기
크기를 15 % 로 정하기
2 초 동안 x: -23 y: 25 으로 움직이기
크기를 30 % 로 정하기
2 초 동안 x: 53 y: 0 으로 움직이기
크기를 50 % 로 정하기
1 초 동안 x: 3 y: -30 으로 움직이기
크기를 80 % 로 정하기
맨 앞으로 순서 바꾸기
0.5 초 기다리기
숨기기

> ▶ 7명의 난쟁이들이 순서대로 나타나야 한다.
> ▶ 굽이진 길을 왔다 갔다 해야 해서 매번
  좌표값이 달라 순차문으로 진행한다.
  이 부분이 정확성을 요하는 작업이다.

> ▶ 난쟁이들이 겹쳐져서 나타나게 되므로
  나타나는 순서를 유지하기 위해서 [맨
  앞으로 순서 바꾸기] 사용
> ▶ 난쟁이 사라짐

• 난쟁이 2

클릭했을 때
숨기기

▶ 게임 처음엔 나타나지 않아야 한다.

난쟁이들 일해라 ▼ 을(를) 받았을 때
크기를 5 % 로 정하기
x: -91 y: 38 로 이동하기

▶ [(난쟁이들 일해라)를 받았을 때] 이벤트 시작

1 초 기다리기
보이기

▶ 두 번째 난쟁이라 1초 기다리다 나타난다.

2 번째로 물러나기
3 초 동안 x: 43 y: 24 으로 움직이기
크기를 15 % 로 정하기

▶ 두 번째로 물러난다.

2 초 동안 x: -23 y: 25 으로 움직이기
크기를 30 % 로 정하기
2 초 동안 x: 53 y: 0 으로 움직이기
크기를 50 % 로 정하기
1 초 동안 x: 3 y: -30 으로 움직이기
맨 앞으로 순서 바꾸기

▶ 먼저 나온 난쟁이가 항상 앞쪽에 있어야 한다.

크기를 80 % 로 정하기
0.5 초 기다리기
숨기기

• 난쟁이 3

클릭했을 때
숨기기

▶ 게임 처음엔 나타나지 않아야 한다

난쟁이들 일해라 ▼ 을(를) 받았을 때
크기를 5 % 로 정하기
x: -91 y: 38 로 이동하기
2 초 기다리기
보이기
3 번째로 물러나기
3 초 동안 x: 43 y: 24 으로 움직이기
크기를 15 % 로 정하기
2 초 동안 x: -23 y: 25 으로 움직이기
크기를 30 % 로 정하기
2 초 동안 x: 53 y: 0 으로 움직이기
크기를 50 % 로 정하기
1 초 동안 x: 3 y: -30 으로 움직이기
크기를 80 % 로 정하기
맨 앞으로 순서 바꾸기
0.5 초 기다리기
숨기기

▶ [(난쟁이들 일해라)를 받았을 때] 이벤트 시작

▶ 세 번째 난쟁이라 2초 기다렸다 나타난다

▶ 3 번째로 물러난다

• 난쟁이 4

	클릭했을 때
숨기기

▸ 게임 처음엔 나타나지 않아야 한다

▸ [(난쟁이들 일해라)를 받았을 때] 이벤트 시작

난쟁이들 일해라▼ 을(를) 받았을 때
크기를 5 % 로 정하기
x: -91 y: 38 로 이동하기
3 초 기다리기
보이기
4 번째로 물러나기
3 초 동안 x: 43 y: 24 으로 움직이기
크기를 15 % 로 정하기
2 초 동안 x: -23 y: 25 으로 움직이기
크기를 30 % 로 정하기
2 초 동안 x: 53 y: 0 으로 움직이기
크기를 50 % 로 정하기
1 초 동안 x: 3 y: -30 으로 움직이기
크기를 80 % 로 정하기
맨 앞으로 순서 바꾸기
0.5 초 기다리기
숨기기

▸ 네 번째 난쟁이라 3초 기다렸다 나타난다

▸ 4 번째로 물러난다

• 난쟁이 5

클릭했을 때
숨기기

▶ 게임 처음엔 나타나지 않아야 한다

▶ [(난쟁이들 일해라)를 받았을 때] 이벤트 시작

난쟁이들 일해라 ▼ 을(를) 받았을 때
크기를 5 % 로 정하기
x: -91 y: 38 로 이동하기
4 초 기다리기

▶ 다섯 번째 난쟁이라 4초 기다렸다 나타난다

보이기
5 번째로 물러나기

▶ 다섯 번째로 물러난다

3 초 동안 x: 43 y: 24 으로 움직이기
크기를 15 % 로 정하기
2 초 동안 x: -23 y: 25 으로 움직이기
크기를 30 % 로 정하기
2 초 동안 x: 53 y: 0 으로 움직이기
크기를 50 % 로 정하기
1 초 동안 x: 3 y: -30 으로 움직이기
크기를 80 % 로 정하기
맨 앞으로 순서 바꾸기
0.5 초 기다리기
숨기기

• 난쟁이 6

난쟁이6

클릭했을 때
숨기기

▸ 게임 처음엔 나타나지 않아야 한다

난쟁이들 일해라▾ 을(를) 받았을 때
크기를 5 % 로 정하기
x: -91 y: 38 로 이동하기

▸ [(난쟁이들 일해라)를 받았을 때] 이벤트 시작

5 초 기다리기
보이기

▸ 여섯 번째 난쟁이라 5초 기다렸다 나타난다

6 번째로 물러나기

▸ 여섯 번째로 물러난다

3 초 동안 x: 43 y: 24 으로 움직이기
크기를 15 % 로 정하기
2 초 동안 x: -23 y: 25 으로 움직이기
크기를 30 % 로 정하기
2 초 동안 x: 53 y: 0 으로 움직이기
크기를 50 % 로 정하기
1 초 동안 x: 3 y: -30 으로 움직이기
크기를 80 % 로 정하기
맨 앞으로 순서 바꾸기
0.5 초 기다리기
숨기기

• 난쟁이 7

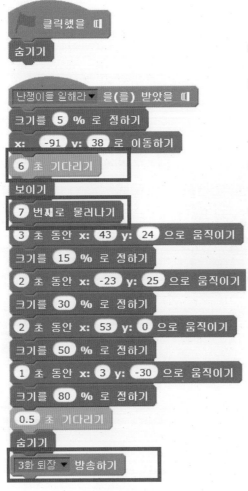

▶ 게임 처음엔 나타나지 않아야 한다

▶ [(난쟁이들 일해라)를 받았을 때] 이벤트 시작

▶ 일곱 번째 난쟁이라 6초 기다렸다 나타난다

▶ 일곱 번째로 물러난다

▶ 마지막 난쟁이이기 때문에 [(3화퇴장)
　방송하기]를 이용하여 '4화'를 호출한다

4화 독사과 투하

[(3화퇴장)을 받았을 때]로 4화가 시작된다.

마녀가 독 사과를 떨어뜨리고

공주가 나타나 독 사과를 먹고 쓰러진다.

❶ 마녀가 독 사과를 떨어뜨린다.

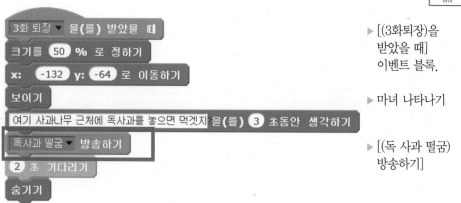

▶ [(3화퇴장)을
받았을 때]
이벤트 블록.

▶ 마녀 나타나기

▶ [(독 사과 떨굼)
방송하기]

❷ [(독 사과 떨굼) 방송하기]를 받았을 때 독 사과가 나타난다.

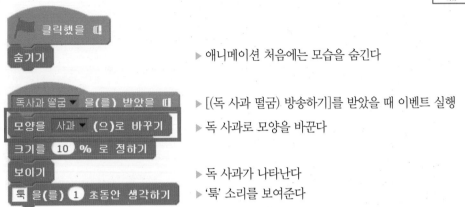

▶ 애니메이션 처음에는 모습을 숨긴다

▶ [(독 사과 떨굼) 방송하기]를 받았을 때 이벤트 실행
▶ 독 사과로 모양을 바꾼다

▶ 독 사과가 나타난다
▶ '툭' 소리를 보여준다

• 독 사과 만들기

이미지 에디터에서 apple 스프라이트를 하나 더 복사해서 독 사과 모양을 만들고
이름을 '사과'라 한다.

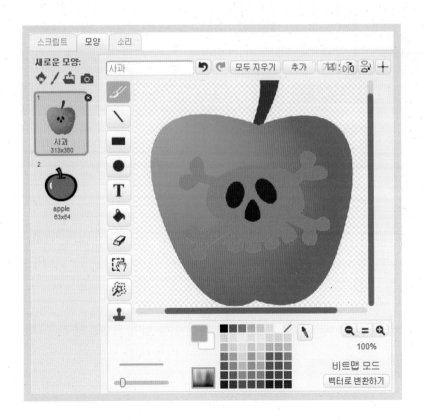

❸ 공주가 나타나 독 사과를 먹는다

[(독 사과 떨굼)을 받았을 때] 공주가 나타나 독 사과를 먹는다..

독 사과가 먼저 나타나야 하므로 공주는 3초 후 등장한다.

사과를 먹은 후 [(사과 먹음) 방송하기]로 이벤트를 발생시킨 후

자신은 쓰러지면서

[(백설공주 중독) 방송하기]로 '4화'로 넘어간다.

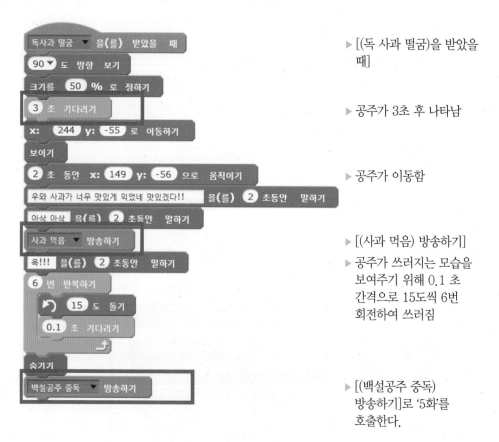

▶ [(독 사과 떨굼)을 받았을 때]

▶ 공주가 3초 후 나타남

▶ 공주가 이동함

▶ [(사과 먹음) 방송하기]
▶ 공주가 쓰러지는 모습을 보여주기 위해 0.1 초 간격으로 15도씩 6번 회전하여 쓰러짐

▶ [(백설공주 중독) 방송하기]로 '5화'를 호출한다.

❹ 사과 사라지기

공주가 사과를 먹고 [(사과 먹음) 방송하기]를 하면 이를 받아 모습을 숨긴다.

5화 ㅣ 왕자 등장

[(백설공주 중독)을 받았을 때]로 '5화'가 시작된다.

왕자가 나타나 세상에서 제일 예쁜 신부를 찾기 위해 거울에게 물어본다.

백성공주를 살리러 간다.

배경이 공주가 누워있는 배경으로 바뀌고 왕자가 등장한다.

왕자가 공주에게 입맞춤하여 공주를 살린다.

❶ 왕자가 거울에게 질문한다.

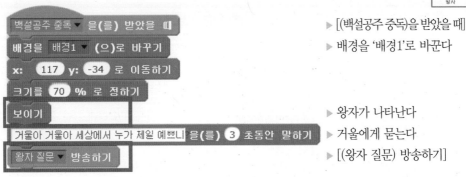

▶ [(백설공주 중독)을 받았을 때]
▶ 배경을 '배경1'로 바꾼다

▶ 왕자가 나타난다
▶ 거울에게 묻는다
▶ [(왕자 질문) 방송하기]

❷ 거울이 답한다.

▶ [(왕자 질문)을 받았을 때]
▶ 거울이 나타난다

▶ [(백설공주 살리러 간다)
  방송하기] 후
▶ 사라진다.

❸ 왕자가 공주를 구하러 간다.

배경이 flower bed로 바뀐다.

• 왕자가 오른쪽에서 나타난다.

▶ [(백설공주 살리러 간다)를 받았을 때]
▶ 배경을 flower bed 로 바꾼다
▶ 왕자가 오른쪽에서 나타난다

▶ [공주와입맞춤] 방송하기]

• 공주가 누워있다.

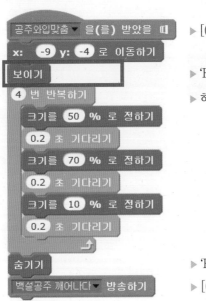

▶ [(백설공주 살리러 간다) 를 받았을 때]

▶ 공주가 누워있는다

▶ 공주 나타나기

❹ 왕자와 공주의 입맞춤

왕자와 공주의 입맞춤으로 'Heart'가 나타난다.

▶ [(공주와입맞춤)을 받았을 때]

▶ 'Heart' 나타나기

▶ 하트의 모양이 커졌다 작아지도록 4번 반복한다.

▶ 'Heart' 사라지기

▶ [(백설공주 깨어나다) 방송하기]

6화 **공주와의 해피엔딩**

왕자의 입맞춤으로 깨어난 공주는 결혼을 승낙한다.

왕관이 하늘에서 내려와 공주에게 씌어진다.

왕자와 공주는 궁전에서 행복하게 살았다.

❶ 왕자가 "결혼해주시오" 말하기

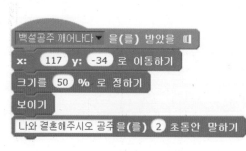

▶ [(백설공주 깨어나다)를 받았을 때]

▶ 왕자 나타나기

▶ "나와 결혼해주시오 공주" 말하기

❷ 공주 깨어나 결혼 승낙

공주

```
백설공주 깨어나다 ▼ 을(를) 받았을 때
90 ▼ 도 방향 보기
x: -95 y: -36 로 이동하기
크기를 50 % 로 정하기
보이기
3 초 기다리기
좋아요 왕자님 을(를) 2 초동안 말하기
왕관 ▼ 방송하기
```

▶ [(백설공주 깨어나다)를 받았을 때]

▶ 공주 나타나기

▶ "좋아요 왕자님" 말하기
▶ [(왕관) 방송하기]

❸ 왕관 나타나기

왕관

```
왕관 ▼ 을(를) 받았을 때
크기를 20 % 로 정하기
x: -96 y: 168 로 이동하기
보이기
2 초 동안 x: -93 y: 43 으로 움직이기
결혼 ▼ 방송하기
```

▶ [(왕관)을 받았을 때]

▶ 왕관 나타나기
▶ 공주 머리로 이동하기
▶ [(결혼) 방송하기]

❹ 왕관이 씌어진 후 "Heart" 나타나기

Heart

```
결혼 ▼ 을(를) 받았을 때
x: 19 y: -38 로 이동하기
보이기
4 번 반복하기
    크기를 50 % 로 정하기
    0.2 초 기다리기
    크기를 70 % 로 정하기
    0.2 초 기다리기
    크기를 10 % 로 정하기
    0.2 초 기다리기
궁전으로 ▼ 방송하기
```

▶ [(결혼)을 받았을 때]

▶ 하트 나타나기
▶ 크기가 반복적으로 변한다.

▶ [(궁전으로) 방송하기]

❺ 궁전에서 하트 퍼레이드하기

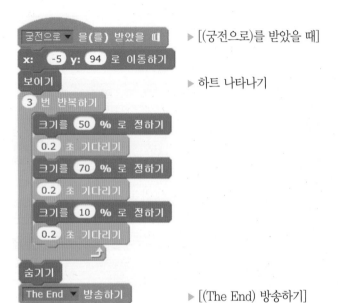

▷ [(궁전으로)를 받았을 때]

▷ 하트 나타나기

▷ [(The End) 방송하기]

❻ The End

애니메이션의 마지막 장면이다.

• 배경 바꾸기

▶ [(궁전으로)를 받았을 때]
▶ 배경을 '배경4'로 바꾸기

• 궁전 나타나기

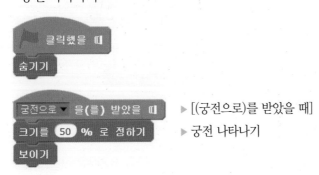

▶ [(궁전으로)를 받았을 때]
▶ 궁전 나타나기

• The End 나타나기

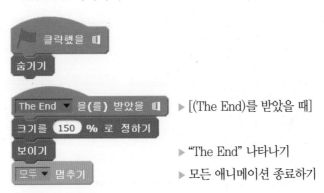

▶ [(The End)를 받았을 때]

▶ "The End" 나타나기
▶ 모든 애니메이션 종료하기

• 이미지 에디터에서 "The End" 스프라이트 만들기

5) 무대 스크립트

스프라이트와 무관하게 배경이 바뀌어야 하는 경우이므로 '무대'에 스크립트를 작성했다.

학습정리

1. 멜로디언 건반음 내기

2. 소리 볼륨을 조절하기

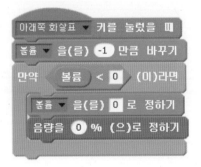
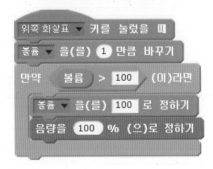

3. [(독 사과 떨굼) 방송하기]와 [(독 사과 떨굼)을 받았을 때]

- [(   )방송하기]와 [(   )을 받았을 때]를 이용한 장면 전환

```
3화 퇴장 ▼ 을(를) 받았을 때
크기를 50 % 로 정하기
x: -132 y: -64 로 이동하기
보이기
여기 사과나무 근처에 독사과를 놓으면 먹겠지 을(를) 3 초동안 생각하기
독사과 떨굼 ▼ 방송하기
2 초 기다리기
숨기기
```

```
독사과 떨굼 ▼ 을(를) 받았을 때
모양을 사과 ▼ (으)로 바꾸기
크기를 10 % 로 정하기
보이기
툭 을(를) 1 초동안 생각하기
```

학습평가

1. 아래 스크립트 블록에 대한 설명이 틀린 것은 무엇인가?

① 키보드 키를 눌러 연주를 한다

② 해당 건반이 눌리면 건반의 모양이 변한다

③ 볼륨을 고정시켜 연주한다

④ 피아노 60번 음을 연주한다

2. 볼륨이 0보다 작으면 볼륨을 0으로, 볼륨이 100보다 크면 100으로 각각 조절하기 위해 빈칸에 알맞은 숫자는 얼마인가?

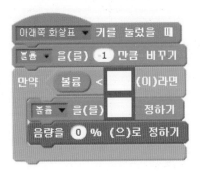
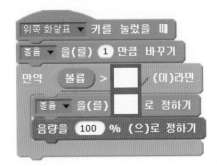

3. ['The End'를 받았을 때]에 "The End"가 나타나게 하기 위한 스크립트이다. 빈 칸에 들어
갈 스크립트 블록은 무엇인가?

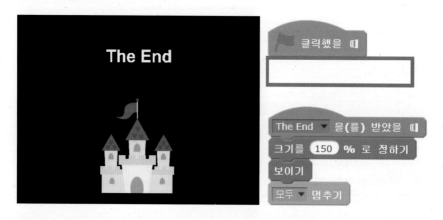

스크래치 프로그래밍
자가 평가 문제

1. 아래 블록은 질문하고 대답을 활용하는 블록이다. 설명이 바르지 못한 것은?

① 질문하고자 하는 내용을 하얀 빈칸에 입력할 수 있다.

② 질문의 대답은 변수 블록을 만들어 저장해야 한다

③ [대답] 블록이 질문의 대답을 자동으로 저장하게 된다

④ Hello! 말하기 블록의 하얀 빈 칸에 [대답] 블록이 결합될 수 있다

정답 ②

해설 [( )묻고 기다리기] 블록의 대답은 [대답] 블록 대답 에 자동으로 저장되기 때문에 새로운 변수 블록을 만들 필요는 없다

2. 아래 예제는 스프라이트에 마우스를 대면 스프라이트가 움직이도록 하는 예제이다. 스프라이트가 반응하는 거리는 50보다 작을 때이다. 아래 예시 블록 빈 칸의 조건에 들어 갈 수 있는 블록은 무엇인가?

정답　④

해설　　이 블록이 조건으로 들어가야 한다

3. 아래 예시 블록의 활용에 대한 설명이 바르지 못한 것은 무엇인가?

[hello 와 world 결합하기]

① 첫 번째 빈 칸에 있는 문자와 두 번째 빈 칸에 있는 문자를 연결한다
② 각 빈 칸에 또 다른 블록이 결합 될 수 있다
③ 각 빈 칸에 숫자를 넣어 덧셈을 할 수도 있다
④ 예시 블록 자체가 다른 빈 칸에 결합될 수도 있다

정답　③

해설　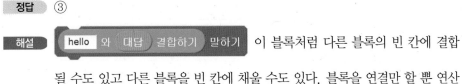　이 블록처럼 다른 블록의 빈 칸에 결합

될 수도 있고 다른 블록을 빈 칸에 채울 수도 있다. 블록을 연결만 할 뿐 연산
을 하지는 않는다

4. 아래 예시 블록을 보고 설명이 바르지 못한 것은 무엇인가?

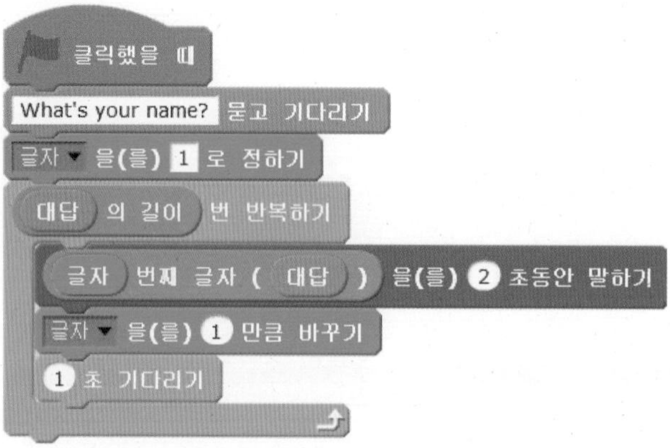

① 이름을 묻고 그 질문에 대한 답을 [대답] 블록에 저장한다

② [대답] 블록에 저장된 대답을 [글자] 변수에 저장한다

③ 대답으로 얻은 이름의 알파벳을 한자씩 말한다

④ 이름의 알파벳 개수 만큼 [알파벳 말하기]를 반복한다

정답 ②

해설 [대답] 블록 자체가 바로 사용할 수 있는 블록이고 [글자] 변수는 숫자를 카운 팅하기 위한 변수이다

5. 아래 예제는 약수를 구하기 위해 나머지를 구하는 예제이다. 빈 칸 (1)에 들어갈 알맞은 블록은 무엇인가?

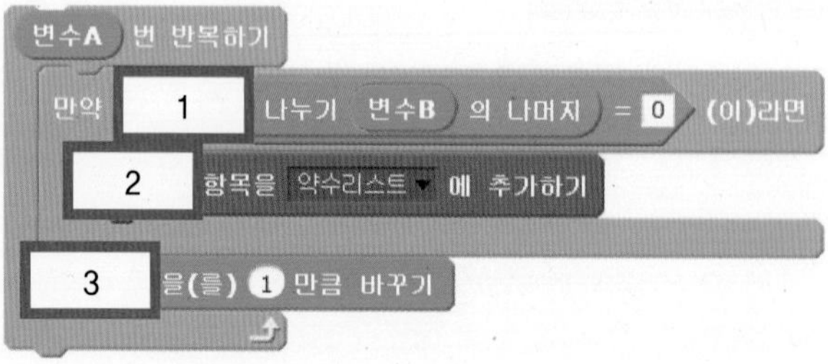

① [변수 A] 블록

② [약수리스트]

③ [나누는 수]

④ [숫자]

정답 ①

해설 예제는 [변수 A] 블록에 있는 숫자가 약수인지를 체크하기 위함이다.

6. 아래 예제는 나머지가 '0'인 수를 [약수리스트]에 추가하는 예제이다. 빈 칸 (2)(3)
   에 공통으로 들어갈 알맞은 블록은 무엇인가?

[예시]

① [변수 A] 블록

② [약수리스트]

③ [나누는 수]

④ [변수 B]

정답 ④

해설 나누어서 나머지가 '0'인 나눈 수([변수 B])는 약수이다.

7. 아래 예제는 '돌맹이' 스프라이트가 복제되었을 때 실행되는 예제이다. 블록에 대한 설명이 바르지 않은 것은 무엇인가?

① 돌맹이가 떨어지는 속도는 랜덤하게 떨어진다

② 복제되었을 때 돌맹이 모습이 나타난다

③ 돌맹이는 y좌표값이 −170보다 작으면 사라진다

④ 속도가 랜덤이라 y좌표값이 −170까지 안 떨어진다

정답 ④

해설 속도가 랜덤이긴 하나 y좌표값을 속력 X (−1)로 바꿔 반복되기 때문에 −170 이하로 좌표값이 떨어지게 된다

8. 다음 블록은 아날로그 시계를 만들기 위한 예제의 일부 중 시침에 대한 예제이다. 빈 칸에 들어갈 알맞은 숫자로 짝지어진 것은 무엇인가?

① 60, 0.5

② 30, 0.5

③ 60, 10

④ 30, 10

정답 ②

해설 위 예제는 시침에 대한 예제로 시침은 360도를 12시간으로 나눈 후 다시 30
도를 분 수 만큼 더 회전한다

9. 아래 결합 블록은 도형을 그리는 예제이다. 설명이 바르지 못한 것은 무엇인가?

① [펜 내리기] 블록이 있어야 그림을 그릴 수 있다

② 그려지는 도형의 한 변의 길이가 200인 정다각형이다

③ 블록의 빈 칸에 각각 순서대로 4, 90이면 정사각형이 된다

④ 블록의 빈 칸에 각각 순서대로 5, 108이면 정오각형이 된다

정답 ④

해설 정오각형이 되려면 5, 72도가 되어야 한다

10. 아래 예제는 키보드로 음을 내기 위한 예제이다. 블록에 대한 설명이 바른지 않은 것은?

① 키보드 키를 'a'가 아니라 다른 키보드 키로 바꿀 수도 있다

② 볼륨을 조절하기 위해 [볼륨] 변수 블록으로 만들었다

③ 건반 모양이 해당 키를 누를 때마다 바뀐다

④ 해당 음을 0.5박자로 60번 반복하여 연주한다

정답 ④

해설 피아노의 60번 음을 0.5박자로 연주한다는 의미이다

11. 다음 블록 중 Hello! 말하기 블록 (   ) 안에 결합될 수 없는 블록은 무엇인가?

① y좌표

② 1 부터 10 사이의 난수

③ 행운 을(를) 1 만큼 바꾸기

④ 대답

정답 ③

해설 블록의 모양이 위 아래로 쌓을 수 있는 블록이다.

12. 다음 중 체력 점수를 1점씩 감소시키기 위해 다음 빈칸에 들어갈 단어는 무엇인가?

> **정답** -1

13. 다음 블록은 이름을 질문하고 그 대답을 한 자씩 말하는 블록이다.
반복문에서 몇 번 반복을 해야 하는 지 빈 칸에 알맞은 블록은 무엇인가?

① [대답]의 길이
② [질문]의 길이
③ [글자]의 길이
④ [글자+1]의 길이

> **정답** ①